それでも中国は巨大な成長を続ける

Neverthless, Chinese Juggernaut Continues

副島隆彦

ビジネス社

それでも中国は巨大な成長を続ける

（18世紀のフランス最高の啓蒙思想家の）**ヴォルテール**は、中国が世界最高の文明だと言い切った。モンテスキューの『法の精神』では、古今東西の文明が縦横に比較され、社会の規範の根源にある文化（＝精神）が論じられる。

面白いことに、**モンテスキュー**は中国にそれほど敬意をはらっていない。中国にはおびただしい貧困が蔓延《まんえん》していると指摘し、中国の政体を「専制」だと断定したヨーロッパ人は、モンテスキューが最初である。

中央公論社『世界の歴史17「ヨーロッパ近世の開化」』
（大久保桂子の文　2009年刊・中公文庫）

まえがき

私は、この本で、今も中国で働く日本企業の派遣社員たち約４００万人（概算）をどうしても激励し、励《はげ》まさなければならない。そのためにこの本を書く。

日本人（派遣）社員たちは、中国でのビジネスで、今のまま利益を出して生きていくしかない。そして、その中国は現にものすごい力で今も巨大な成長を続けているのである。

日中関係が、昨年２０１２年の間に、どんどん悪化した。尖閣諸島（中国名では釣魚《ちょうぎょ》島《とう》）の領有を巡る争いで、両国の険悪な関係をテレビ・新聞が毎日のように報じている。

この30年間に（１９８０年代から）中国に進出した日本企業は、２万５０００社ある。このうちの12%にあたる３０００社が、「中国からの撤退を考えている」と表明しているそうだ。残りの２万２０００社はこのまま操業を続けるということだ。

果たして、中国からの撤退など簡単にできることか？　できるはずがない。

今も成長し続ける巨大な中国市場を無視して、日本国が生きていく道はない。２０１１

年の日本からの中国への年間の輸出額は12・5兆円である。輸入額は14・5兆円だ。どちらも日本の対外貿易で第1位である。ちなみに対アメリカ貿易は、輸出10兆円、輸入5・9兆円である。中国とのつき合いを軽視して日本（人）のこれから先の生き残りは考えられない。

私は日中の平和的な経済成長と両国の繁栄を願っている。私は20年前から「アジア人どうし戦わず。戦争だけはしてはいけない」という旗《はた》を掲げて言論活動をやってきた。今こそ「日中不戦《にっちゅうふせん》」の勢力を、日本国に公然と出現させなければならない。苦しい時だからこそ私たちが声を挙げなければいけない。

そして、今も続いているおそろしいまでの巨大な中国の経済成長の様子の真実を誰かが伝えなければならない。それを私がこの本でする。

副島隆彦

中国で「中国黄金《おうごん》」という金《きん》のブランドを買おう

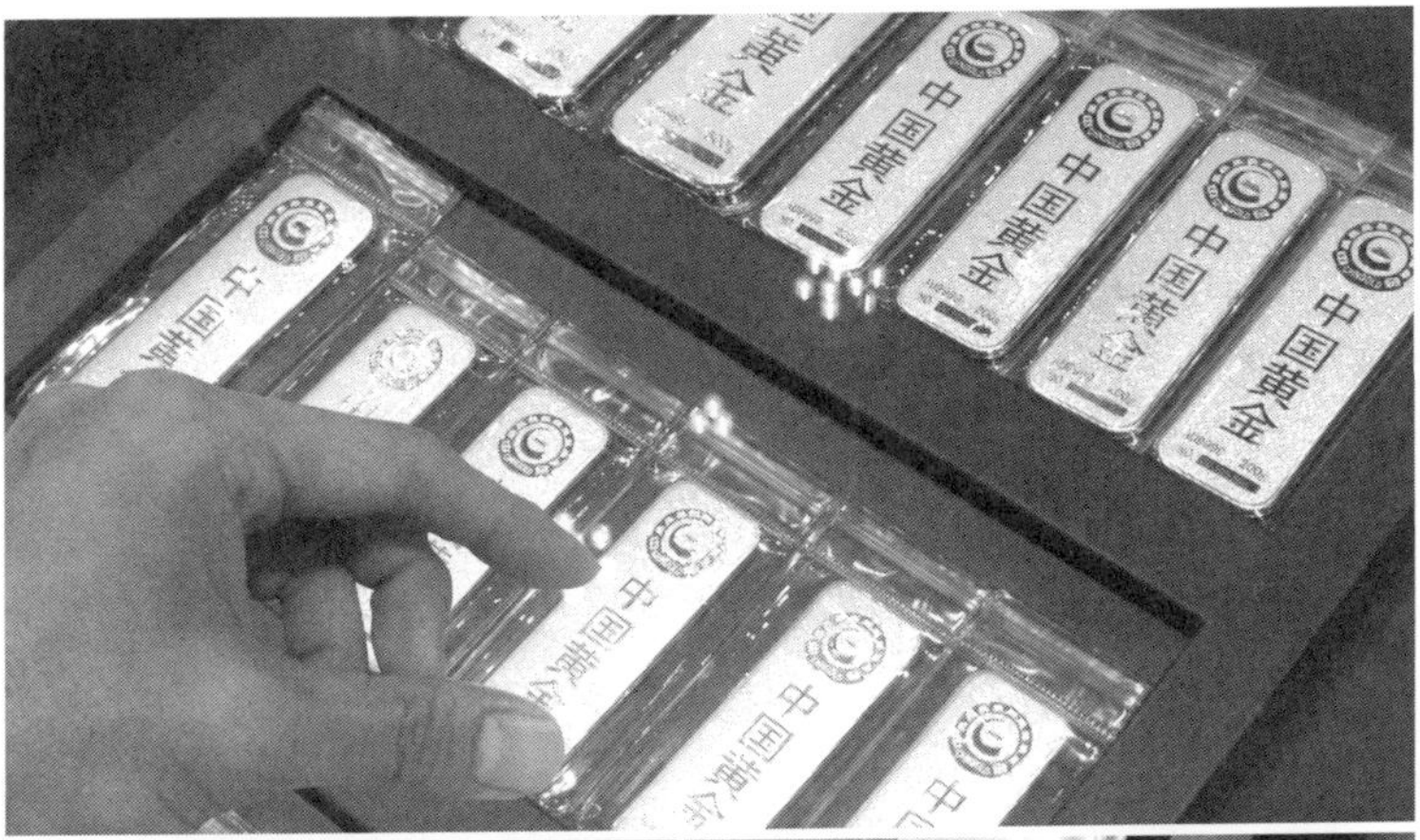

部の四川省成都《せいと》と重慶を中心に考える

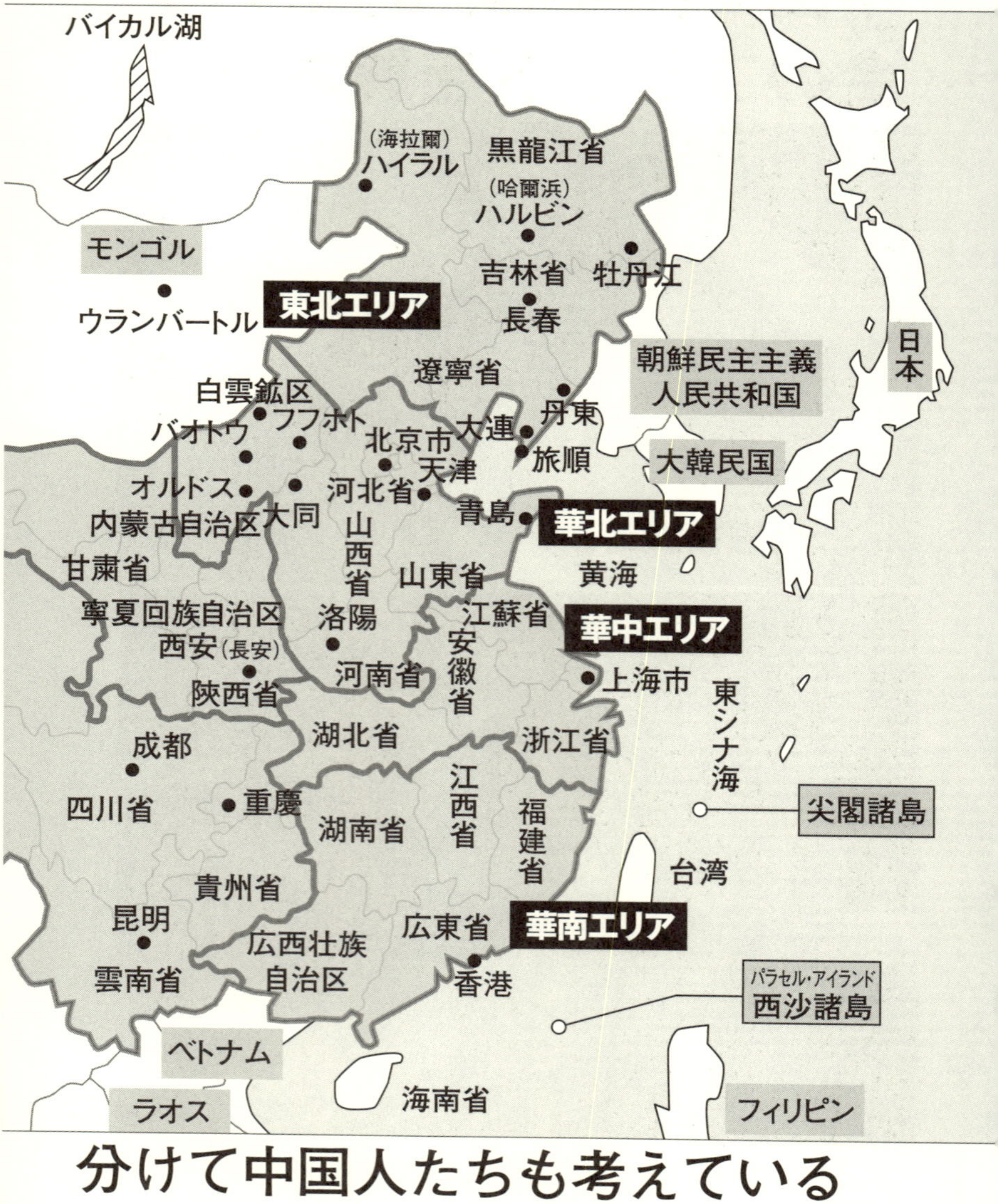

分けて中国人たちも考えている

“西部大開発《シーブーダーカイファ》”が続く。この本では内陸

中国を上記の6つのエリアに

それでも中国は巨大な成長を続ける　目次

第1章 世界経済を牽引する中国の実力

第2章

新指導部「チャイナ・セブン」

第3章 中国の底力

第4章

中国は世界覇権を目指す

第5章 日本と中国、そして世界の行方

第1章

世界経済を牽引する中国の実力

反中国という大きな計略

日本国内に、「中国（人）は信用ならない。傲慢《ごうまん》で、気持ちのわるい国民だ」とする意図的な仕組まれた煽動キャンペーンが日本国内にあふれている。それに対抗して、「アジア人どうし戦わず。今の私たちの平和と繁栄（産業振興と人間交流）を続けなければいけない」という声が、日本国内からも挙がらなければいけない。

２０１２年９月15、16日の中国全土（１２５都市）での「反日デモ」に眉をひそめた日本の企業家、経営者たちが、「日系企業に対してあんな破壊活動をされたら、商店や工場の経営は続けられない」とうめき声を上げた（たしかにほとんどは、中国政府主導のデモ部隊であった）。それと巧妙に時期を示し合わせたような北朝鮮による核兵器用の弾道ミサイル（北朝鮮の主張では「人工衛星ロケット」）の発射事件があった（12月12日）。

この結果、日本にアメリカによって十分に仕組まれた自民党・公明党の安倍政権が誕生した。ドサクサで行われた年末の総選挙の自民党大勝の結果である（12月16日）。

だが、ものごとはどんなこともそう簡単に進まない。「中国との戦争も辞さず」と、勇ましいことを言っている右翼言論人たちがいくら煽動しても、日本国民も馬鹿ではないから戦争なんかしたくはない。「中国と戦争する覚悟を持とう」というような危険な本が書店に並んでいるが、そんなものに軽挙盲動させられる人は少ない。彼ら右翼言論人の唯一の頼みの綱であるアメリカ様《さま》が反中国一辺倒ではないし、それではアメリカ経済もまた立ち行かない。アメリカの政界で、反中国の急先鋒である〝凶暴な女の司令官〟であったヒラリー・クリントン国務長官《ステイト・セクレタリー》（外相に相当）が、奇しくも12月16日にゲロを吐いて脳震《のうしん》盪《とう》を起こして倒れた。その後、脳血栓が見つかり入院した。２０１２年10月21日には国務長官の辞任を表明した。

■クリントン米国務長官が脳震盪　週明け後も自宅で職務

米国務省は12月15日、ウィルス性の胃腸炎で体調を崩しているクリントン国務長官が脱水症状で意識がもうろうとなり、脳震盪を起こしていたことを明らかにした。現在は回復に向かっており、週明け以降も自宅で療養を続ける。国務省によると、クリントン長官は職員と定期的に連絡を取っており、医師の助言で自宅で職務に当たることを決めたという。

クリントン長官は病気を理由にモロッコで開かれたシリア反体制派を支援する国々の「シリアの友人」会合を欠席するなど、外遊日程を取りやめ、療養していた。クリントン長官は上院議員だった２００５年にも、ニューヨーク州での演説中に気を失って倒れたことがある。

（２０１２年12月16日　産経新聞）

ヒラリー・クリントン女史が次期（２０１６年）米大統領の最有力候補者であった。彼女の引退劇の裏側の鬼気迫る真相については、本書Ｐ２１７以下で続けて説明する。

東京都知事職を突然放り出した石原慎太郎は、「維新の会」から衆議院比例第1位で当選した。80歳の老齢の石原慎太郎が単独で「国を憂う愛国の真情」だけで、こんな〝暴走老人〟（自分でも認めた呼称）ぶりを演じたとは思えない。石原慎太郎の背後には始めからアメリカによる「日本を中国にぶつけよ」という計略があった。12年4月17日の、首都ワシントンのヘリテージ財閥での「尖閣を東京都が買い取る」の記者会見の時から、アメリカの大きな力によって、石原は脅されながら動いたのだ。

「日本を中国にぶつけさせよ」という２０１２年の間ずっと続いたおかしな動きを流れとして私が冷静に見つめて分析していると、「日本と中国を計画的に軍事対立させよ」とす

ヒラリーの終わり

中国人が大キライなアメリカの政治家はヒラリーだ。2013年1月2日、脳血栓《のうけっせん》の手術を受けて、ニューヨークの病院から退院するヒラリー・ロダム・クリントン国務長官。

写真提供：アフロ/ロイター

る好戦派《ジンゴウイスト》のアメリカ高官たちのどす黒い暗躍がはっきりと見られた。石原慎太郎を操って日中軍事衝突を始めから企画し画策した米高官（今は公職にはない）は、リチャード・アーミテージとマイケル・グリーンである。（P103に写真あり）彼ら自身が、12月に入ると、畏《おそ》れ入ったことに「私たちが日本と中国の紛争を鎮《しず》めましょう」と、盗人たけだけしく振るまうようになった。

アメリカ国内にも、中国との貿易、企業進出、資本投下、生産拡大で生きのびている大企業群がある。アメリカ企業だって中国から逃げられない（株式だけなら売り払える）。だから簡単なことでは戦争にまではならない。しかし、その三歩ぐらい手前の軍事衝突（confrontation　コンフロンテイション）なら起きるだろう。この軍事衝突《コンフロンテイション》というのは、互いに双方で兵士が5から10人くらいが海に落ちたりして死ぬことだ。そういう突発事故が起きることだ。これぐらいのことなら、これから先、時間をかけて起きるだろう。現在はその準備期間である。日本も中国も海軍力の増強のための軍備増強の時期となっている。

私は自分が書いた前作の金融本である『ぶり返す世界恐慌と軍事衝突』（祥伝社、2012年11月刊）でこの近《きん》未来予測（予言）を行った。この持論をさらに本書では発展させて説明する（P216以下でする）。

中国工商《こうしょう》銀行の金《きん》ののべ板

中国最大の私営企業である中国工商銀行（ICBC《アイシービーシー》）も、信用の高い金《きん》ののべ板を全土で販売している。

日本のテレビ局6局（NHKもふくむ）と大手新聞5社の合計11社は、すべてアメリカに奪い取られ、その管理下にある。11社のすべてが押《お》さえられ、アメリカが命じる情報、報道内容で日本国民は洗脳《ブレインウォッシュ》されている。それらを背後から電通《でんつう》という巨大広告会社と共同通信が動かしている。「ビデオリサーチ」社という正体不明の視聴率測定会社がテレビ局各局のディレクターたちの通信簿（である視聴率）を握っている。だから、私たち日本国民は言ってみれば、「目《め》をつぶされた羊の群れ」である。指導者（政治家）たちをアメリカに奪われて、歩かされ、目の前に危険な崖が迫っている。そしてこの危険な崖から落とされようとしている。私たちはなんとか、この転落、破滅への道から必死で逃れ避《さ》けなければならない。

元が上昇し始めた

中国の人民元《げん》が日本円に対して力強く上昇してきた。昨年（2012年）末からだ。私たちは今こそ人民元を買うべきだ。しかも、私たちは今や人民元を、日本国内にいたままで、銀行（日本の銀行を含めて）で買って「元《げん》預金」（外貨預金のひとつ）をすべき時にきた。1元は14・5円になった（Ｐ24ページのグラフを参照のこと）。この元《げん》上昇（元高《げんだか》）は２０１２年9月からの上昇トレンドである。それまでは、1元＝12・5円でずっと「円高元安《げんやす》」のまま、２００９年からずっと低迷してきた。ついに1元＝14円を越した。この背景には「ドル高円安」の動きがある。確かに対米ドルの日本円の円安の動き（1ドル90円。２０１３年1月17日）があることが影響している。しかしそれだけの動きで、元《げん》に対して円が安くなったのではないだろう。ここは米ドル世界一極《いっきょく》通貨体制（ドル基軸通貨体制《キーカレンシー》）の動揺に真の原因を見なければいけない。ドルは、ちょっとぐらいの円安《えんやす》など踏みつぶして、世界中でどうせ下落してゆく。

Ｐ33とＰ35の表を見たら分かるとおり、２０１２年中には米ドルと人民元の為替の表で、逆流が起きていた。それまではずっと「ドル元《げん》相場では元の上昇」の一貫したトレンド（「元高」）だった。それが２０１２年中に下降（ドル高元安《げんやす》）に動いた。２０５年からの動きで初めて、逆の動きが起きたのだ。２０１２年の6月には1ドル＝6・35元にまで下げた。しかしこのあと２０１３年に入ると再び従来の元高《げんだか》のトレンドに戻った。もうすぐ「1ドル＝6・2元」の壁を越えようとしている。Ｐ33の表で1ドル＝6・21元（1月15日）を示した。中国政府（中国の中央銀行《セントラルバンク》である中国人民銀行が管理している）が、急な値動き

円元《えんげん》の為替相場（直近の2年間）

いくら「ドル高円安《えんやす》」の影響があるので、対元《たいげん》でも円が安くなっていると考えるとしても、それだけではこれほどの元高《げんだか》円安は起きない。今こそ人民元預金をすべきだ。

円《えん》元《げん》の為替相場（25年間）

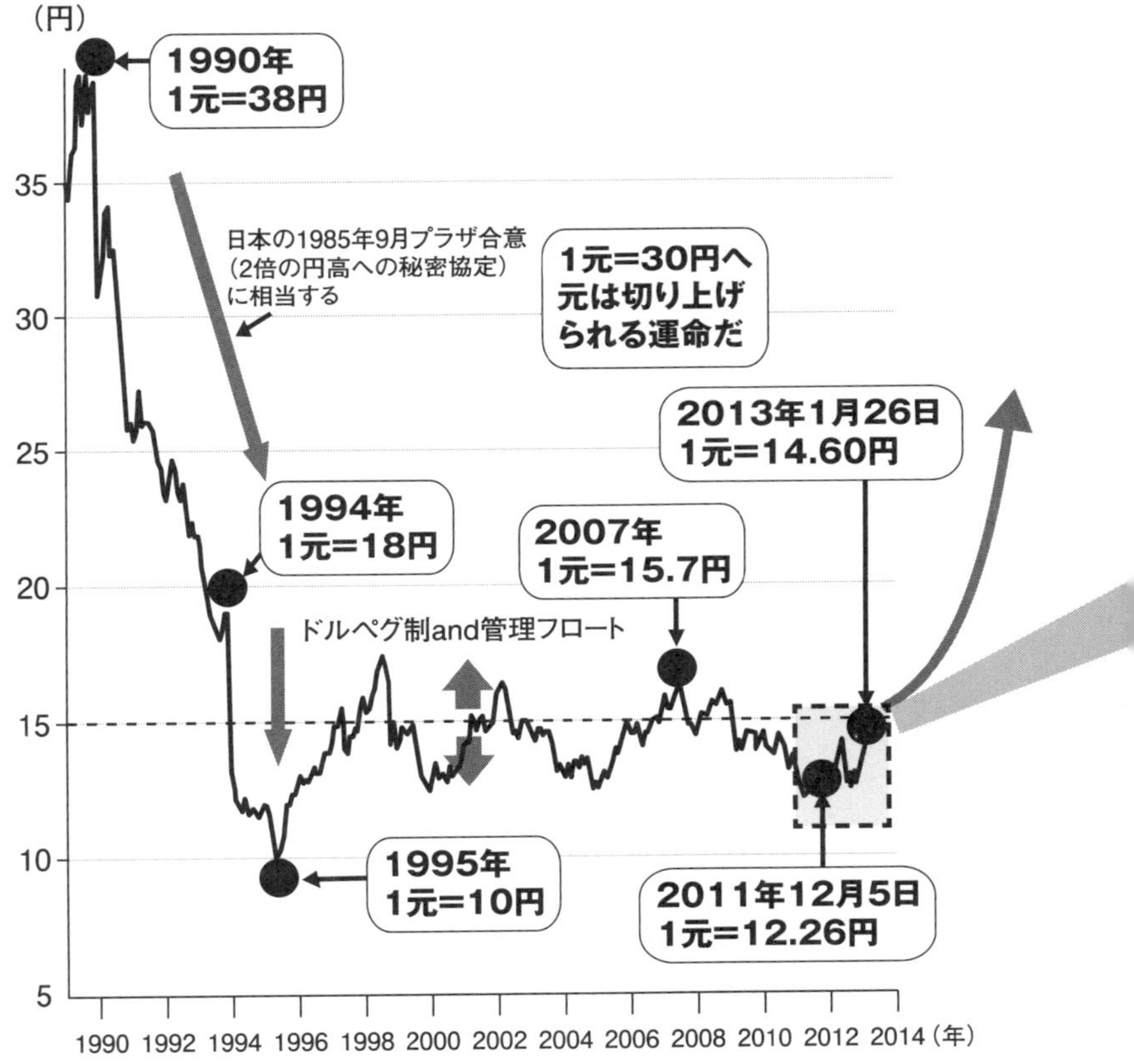

出典：ブルームバーグ、ロイター等の資料をもとに作成

ようやく人民元は、15円の壁を超えて上昇を始めるようである。

を規制する「一日の値幅制限」をしているためにP35の図のように、「元高トレンド」が、、、グズグズした動きになっている。川上《のぼ》りの魚たちが堤防の前で上がれないでもがいている感じだ。

何故、元高《げんだか》に戻ったかと言うと、それは、アメリカがジャブジャブマネー（金融緩和《かんわ》）をやって、FRB《エフアールビー》（米連郡制度理事会）かQE3《キューイースリー》というドル垂《た》れ流しを国家政策（金融政策）として昨年9月から始めたからだ。

「中国にだけはドル資金が流れ出さないようにしろ」とアメリカ政府は誘導していた。それなのに、やっぱり中国にまで、再び投機資金（バクチの金《かね》）となって、流れ込んできた。これで「ドル売り元買い」が起きて「ドル安元高」の本調子に戻った。これで、中国でも①住宅価格上昇と②株価上昇の動きが起きている。

ドルの世界支配が終わろうとしている

昨年2012年中は、人民元は結果（実績）として、「わずか1％の元高」にしかならなかった。すなわち3月につけた1ドル＝13・2元から元は下落して12・2円に落ちた。

日本で人民元の外貨預金ができる銀行の一覧

日本の銀行				
三井住友	みずほ	静岡	福井	百十四

中国の銀行		
中国銀行	中国工商	中国建設

三井住友銀行の場合

商品	一般外貨定期預金	外貨普通預金
申し込み	店頭窓口（書面）での申し込みに限る	
預入期間	1年以内	
利用者	個人および法人	
預け入れ	100通貨単位以上、 1補助通貨単位	1通貨単位以上、 1補助通貨単位
払い戻し	満期日に元利金を一括払戻	1補助通貨単位
利息	固定 例）1年もの1.4375％（税引き後 1.1454％）	変動金利
預金保険の適用	預金保険の対象外	
留意点	外貨預金取引における外貨現金の取扱はできない。 個人の送金の取扱はできない。 1通貨あたりの為替手数料（往復）60銭	

金利1.4％はそれなりのものである。

それがようやく2012年末に13・6元になった。だから今のこの値段のうちに、人民元を買って日本にいたまま（わざわざ中国に行かなくてもいい）「元《げん》預金」をするべきだ。元はこの先もっと上がるだろう。

P27の銀行の宣伝パンプレットのとおりだ。これは三井住友銀行が、全国の主要な支店で始めた「人民元の預金」の広告である。金利が年率1・5％もついてくる。

私が東京の虎ノ門の中国銀行で3年前に元預金したものは、私の前の本でも書いたが、年利0・45％しかつかなかった。今もそうだろう。日本に進出した中国の銀行に対して日本政府があれこれ規制をかけて、いじめるからだ。ドル預金に比べて元《げん》預金はまだまだ普及しない。しかしこれから急速に人気が出るだろう。

中国本土なら元の預金は一年定期（一年もの）で、年率3・5％から4・0％が今でもついている。

銀行にとっては外貨（フォーリン・カレンシー）を取扱うのは手間とリスクがかかるから銀行は外貨預金をやりたがらない。しかし、そういうことを言っている時代ではない。元《げん》預金がこれから増える。

何よりも重要なのは、去年（2012年）6月1日から、円元《えんげん》の貿易の直接決済（円・

元の直接取引）が始まったことだ。それまでは何でもかんでも米ドルを介在（仲介）させてしか貿易の決済はできなかったのだ。その米ドルの信用が揺らぎ出した証拠なのだ。

■「日中金融協力」について

Q 日中金融協力とは何ですか？

A 金融市場での協力を促進するために、昨年（2011年）12月の日中首脳会談で合意した。円・人民元の直接取引を拡大するほか、日本政府による中国国債の購入、人民元建て債券市場の育成などで協力することとなった。円・元の直接取引は、2012年6月から東京と上海の両市場で先行して始まった。

Q 日中関係が悪化しても、見直さないのですか？

A 日本は、人民元取引や人民元建て債券の発行を支援することで、東京市場の世界的な地位を上げたいと考えている。英国やシンガポールが人民元取引の拡大を計っており、協力をやめれば日本は後れをとる。国債の持ち合い構想では、日本政府が中国国債を保有することで中国政府から経済の情報を得やすくなる効果もある。

Q 韓国と（竹島問題で）関係が悪化したとき、財務省は「日韓通貨協定」の見直しを示唆しましたが。

A 日韓通貨協定は、2011年10月、欧州債務危機の波及を懸念した韓国からの強い要望で交換枠を700億ドルに拡大しました。元々1年限りの臨時措置でした。関係悪化の前から「時期がくれば（交換枠を）当初の130億ドルに戻したい」と日本の当局者は考えていた。

一方、中国は3・2兆ドル（250兆円）の世界一の外貨準備《フォーリン・リザーブ》を保有している。今回の日中金融協定の交換枠も30億ドル（2700億円）に過ぎない。アジア域内の2国間協定としては最低水準だ。（引用者註記。これぐらいなら中国を仇《かたき》にしているアメリカも見逃してくれるだろう。）貿易総額は、日中間が（輸出と輸入の合計で）約27兆円であり、日韓間の3・2倍だ。日中貿易は日本の対アジア貿易全体の実に4割を占める。企業の経済活動に影響が及ぶのは避けたいというのが日本政府の本音だ。

（2012年9月20日　日本経済新聞）

このように「円元の直接取引」が増えている。ちなみにアメリカと中国の米中貿易は、総額で5000億ドル（45兆円）である。中国からのアメリカへの輸出が3000億ドル

(27兆円)、輸入が2000億ドル(18兆円)ぐらいである。アメリカは中国に対して実に1000億ドル(9兆円)輸入超過である。これでアメリカ国内が「対中国貿易赤字」でカリカリしている。日本も対《たい》中国では2兆円ぐらいの輸入超過(貿易赤字)である。しかし日本は、中国から4兆円ぐらいの特許料や技術料(貿易外収支《ぼうえきがいしゅうし》)を受け取っているようだ。

　このように昨6月から円・元の直接取引(貿易直接決済)が始まった。これは今後どんどん大きくなる。誰も止めることができない。米ドルの世界支配が終わりつつある明確な証拠のひとつである。イント・ルピーやブラジル・レアルなどもどんどん直《じか》に円貨と貿易決済できるようになった。「アービトラージ」(裁定《さいてい》取引)と言って、今のところはまだ円《えん》元《げん》の為替の動きも、「ドル元《げん》」を中心にして値決めされている。しかし、これもあとしばらくのことだ。しばらくしたら米ドルの決定的な信用下落がおきる。そうしたらそれに応じて、BRICS《ブリックス》(ブラジル、ロシア、インド、中国、南アフリカの新興5大国)の通貨が比較相対的《コンパラティブリー》に強くなって、世界的な準《じゅん》決済通貨になる。それはあと2年のことだろう。

近い将来、ドルが暴落する

私の本ではいつも書くが、これからの動きは、「金《きん》・ドル体制」（ＩＭＦ＝世銀《せぎん》体制。ブレトンウッズ体制）が終わってゆくことの一部である。金《きん》の地金《じがね》（金貨《きんか》など）とドル紙幣の兌換《だかん》が、もうすぐアメリカ国内で停止されるだろう。

すなわち、金《きん》（主に金のコイン。ウイーン・ハーモニー金貨やカナダ・メイプルリーフ金貨が代表）の個人での売買が、規制され停止（禁止）されるからだ。それは「ドット＝フランク法」（これは「ボルカー・ルール」という大きな金融取引規制の一部）として、すでにアメリカ国内法では法律になってしまっている。

なぜ、金《きん》とドル紙幣の交換が停止されるのか。その理由は、もっぱらドル紙幣のジャブジャブの刷り過ぎ、撒《ま》き散らしが原因である。アメリカ政府は、軍人や公務員、とりわけ公立学校の教員たちへの給料の支払いが出来なくなりつつある。給料の遅配が今にも起きそうだ。アメリカ政府と50の州の州知事たちは軍人や教員の給料を払うだけの資金（原資）をなくしている。だから日本政府を脅して、「安倍政権による50兆円の米国債買い」（1月

長期での元《げん》ドルの為替相場（25年間）

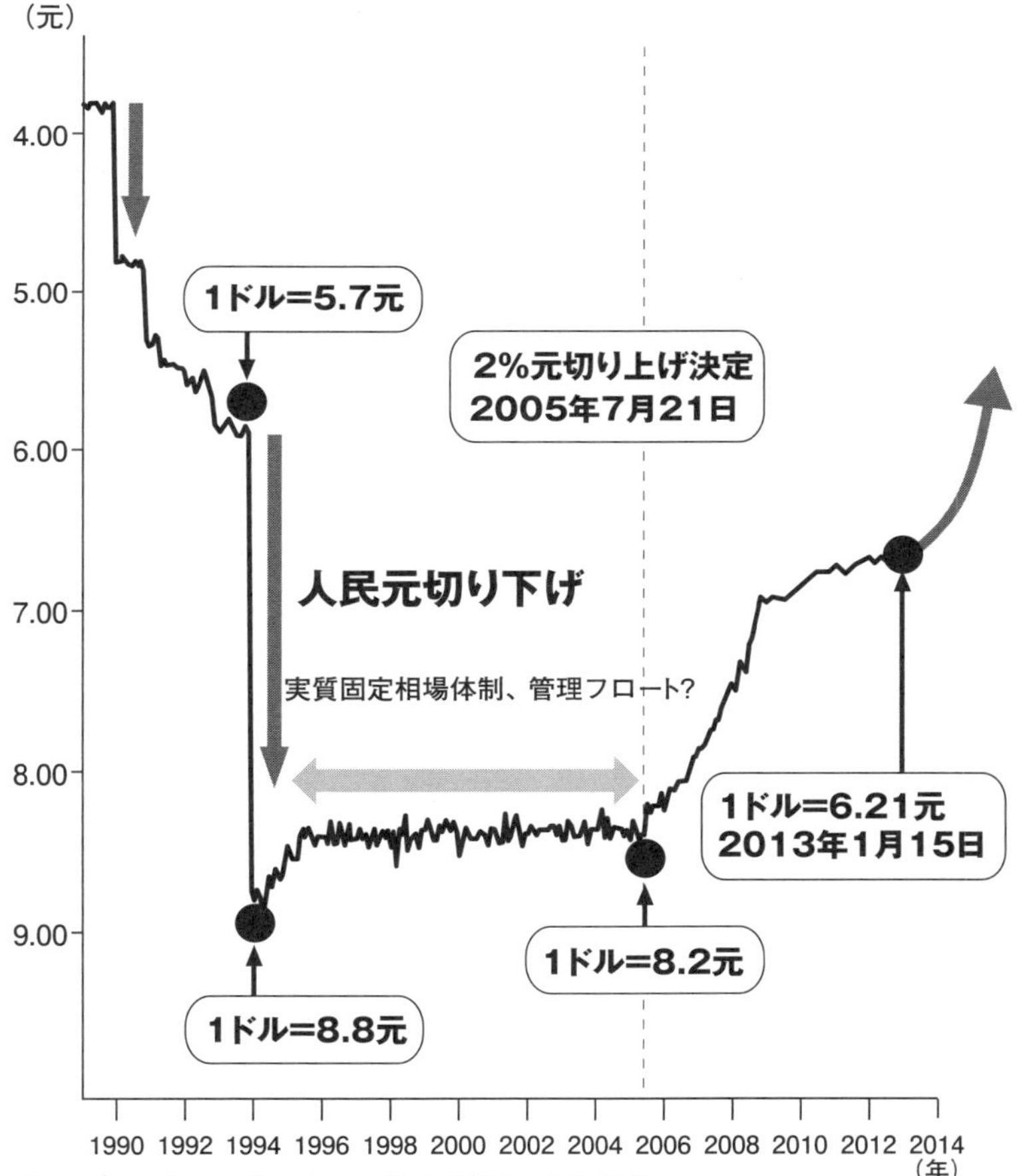

出典：ブルームバーグとロイター等の資料をもとに作成

ようやく私がこの8年間主張して来た「1ドル＝2元＝60円」に近づいてきた。人民元の値上がり（ドルの大きな下落）に勢いが出てきた。

13日、ブルームバーグの報道）のようなことが起きる。日本からの救援資金でアメリカの公務員たちの給料が払われている。あるいは輪転機をガンガン回してお札（紙幣）を、FRB《エフアールビー》（アメリカの中央銀行）にものすごい量で刷らせている。米ドルが世界中にジャブジャブとあふれ出している。だから、どうせ米ドルは暴落する。

それとの対比で、人民元も日本円も元高、円高になる。ところが今は無理やり政治の力で1ドル90円の「円安」にされてしまっている。それは無理やり米国債買い（ドル買い）を日本政府にやらせているからだ。50兆円も米国債をズルズルと買わされたら円安になるに決まっている。金《きん》については「中国の金を買おう」のところで話す。

私はFX《エフエックス》取引（外国為替のバクチ取引。デイ・トレーダーという日銭《ひぜに》かせぎたちが集合している）は好きではない。FXをやっている人は私の本の読者には少ない。だからFXでの人民元の取引のことなど触れたくない。だが、すでに人民元までがFX市場で人気商品になっているらしい。

■人民元取引、浮上の兆し　対円相場が上昇傾向に

外国為替証拠金取引《しょうこきん》（FX）で、中国人民元への注目度がじわりと高まっている。

人民元に対する円とドルの動き
(いずれもグラフ上部に行くほど人民元高)

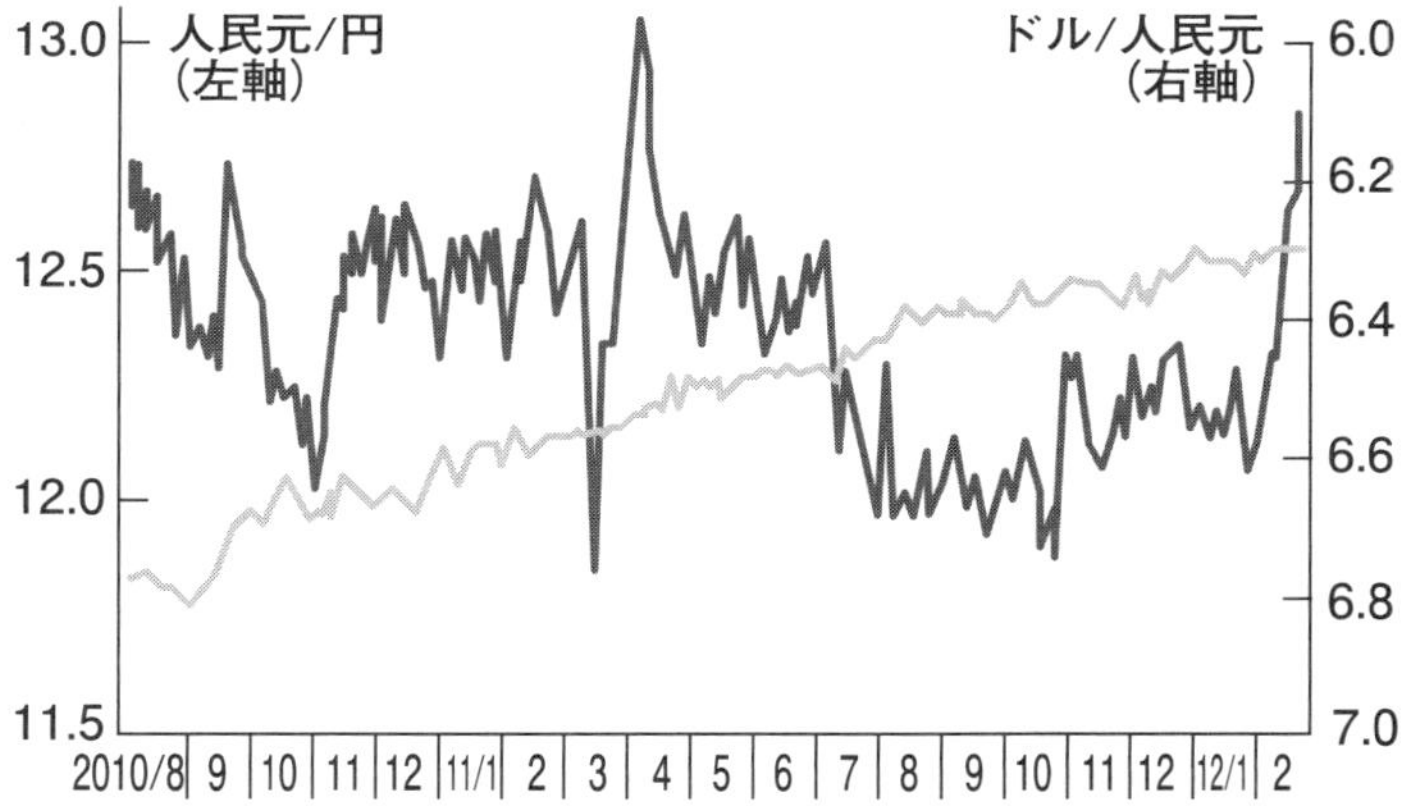

出典：日本経済新聞

ドル・元《げん》相場は、じわじわとずっと少しずつ、決められたように「ドル安元高《げんだか》」に上がっている。中国政府の強い意思の表われである。それに対して円・元相場はこの15年間ずっと1元＝12.5円で上下してきた。それが2013年の年明けから急に1元＝14.5円になった。

東京金融取引所の「くりっく365」における人民元・円取引の買い建玉《たてぎょく》数は、昨年8月の上場以来の高水準まで回復した。SBI証券も「昨年末から取引が増加傾向」と話す。

足元の相場反転が一因だ。人民元は、2010年6月に管理変動相場制（管理フロート）に事実上復帰した。それ以降、ドルに対しては緩《ゆる》やかに価格を切り上げてきた。しかし、(2011年中は)ドルに対する切り上げ幅以上に円相場が対ドルで上昇した。このため、円に対しては下落基調が続いていた。

ここにきて（2012年3月から）対ドルでの円高が修正された。それで人民元・円相場も反転した。そろそろ人民元投資の好機と考える人が増えたようだ。

2つ目の理由は、金利に相当する「スワップ・ポイント」がプラスになる日が増えた点だ。これまではFXで人民元・円取引で人民元を買い持ち（ロング）すると、スワップポイント（スワップ金利）を払うケースが多かった。SBI証券では昨年（2011年）10月以降、スワップポイントがプラスに転換して、年0・3%程度の利益がでるようになった。「くりっく365」も昨年12月と今年2月はプラスになった。

（2012年2月29日　日本経済新聞）

このようにして人民元が、ドルに対しても円に対しても強くなっている。この動き（トレンド）は今後も変わらないだろう。だから私たち日本人はそろそろ人民元預金をすべきなのである。

中国の株

次に中国株の動きについて分析する。

人民元と同じく中国の株式も昨年（２０１２年）末から急速に切り返してきた。上海総合指数は、昨２０１２年12月４日に１９４９で底を打った。Ｐ39のグラフからそのように見ることができる。このあと年を越してさらに勢いよく上昇を続けている。ということは、中国株買い（あるいは中国株ファンドの形で。ただし問題点が多い）をそろそろ考えるべきだ。中国株を中国人の友人に頼んで買ってもらう形にするのが結局、一番いいようである。ただし信頼関係が強固でなければならない。

昨年末からの中国株の急上昇の動きには、前述したとおりアメリカからの投機資金（ジャブジャブ・マネー）が入り込んでいる。いわゆる「円キャリー・トレイド」と「ドル・キャリートレイド」が起きている。アメリカのヘッジファンドたちが、〝ゼロ金利〟で年利1％ぐらいの超《ちょう》安い資金を、ニューヨークや東京の金融市場で仕入れて、それで香港だけでなく上海や深圳《しんせん》の株式市場でバクチを再び始めている。このことは警戒すべきことである。アメリカのFRBのバーナンキ議長が実行したQE3《キューイースリー》の金融緩和（ジャブジャブ・マネー）で、あふれかえった資金が世界中に流れ出していることの表われである。中国には壁《ウォール》を作ってこのドル資金を流すな（渡すな）と言われていた。そうは言っても結局こうやって中国金融市場にも過剰流動性《かじょうりゅうどうせい》（不健全な余り金）が流入してくる。李克強《りっこっきょう》首相（国務院総理）は、海外からの投機資金（バクチの金。ショート・マネー）の流入を警戒している。しかしある程度は自由にやらせる気だ。それで上海総合指数が2300まで息を吹き返した。年末の2000割れからの急激な上昇である。

■世界の投資マネーも中国流入

中国景気の減速傾向が緩《ゆる》んだ（引用者註記。即ち、中国が景気回復を始めた）という認識が広がっている。世界の投資マネーが再び中国に向かい始めたようだ。米連邦

過去1年間の上海総合指数
買い方を知っている人は中国株を買うべきだ

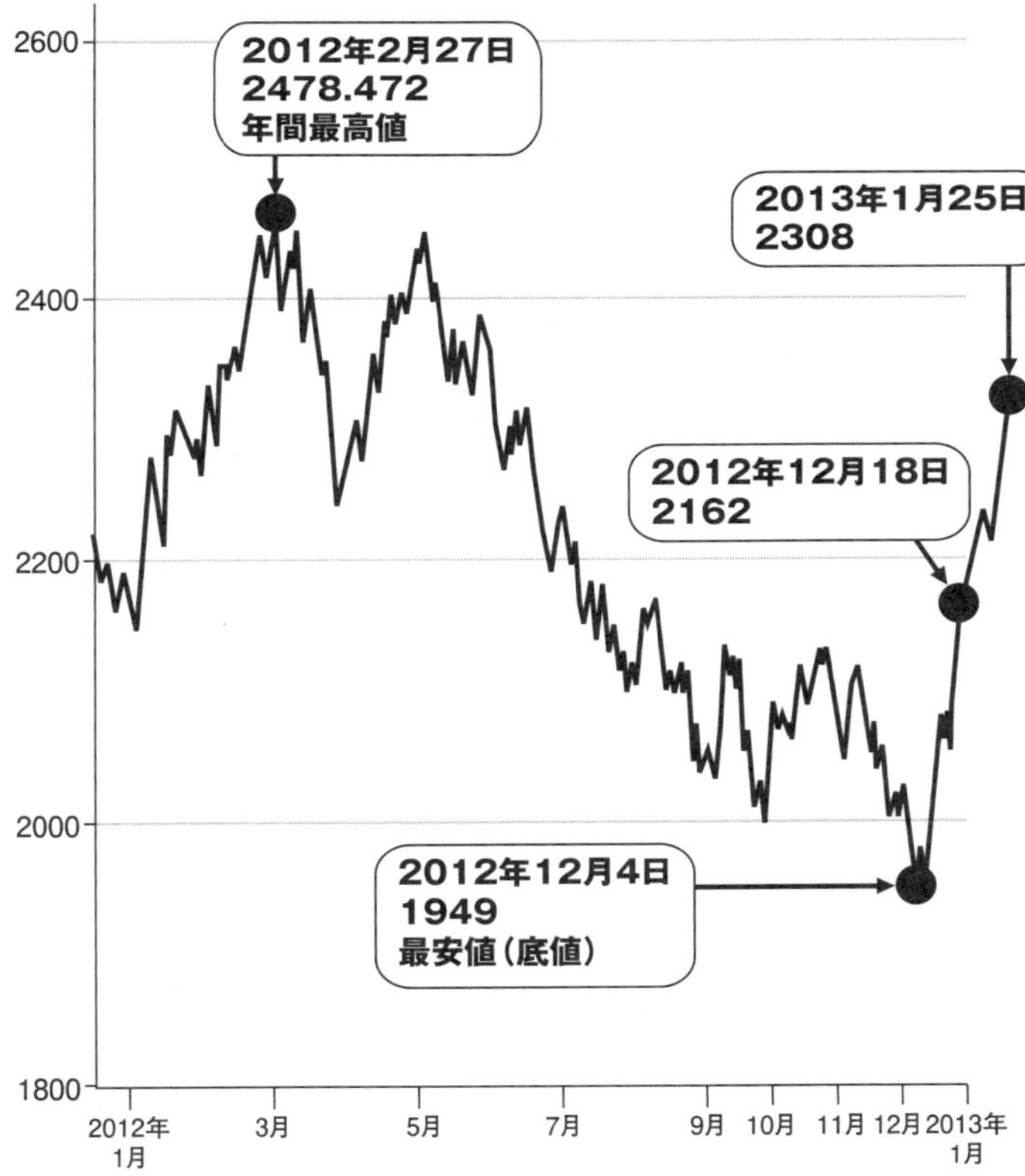

出典：ブルームバーグ、ロイター等の資料をもとに作成

昨年末からの中国株の“戻り”は本物だろう。
これから中国株はどんどん上がり出す。

準備理事会（ＦＲＢ）の量的緩和第3弾（ＱＥ３）など、日米欧の中央銀行の金融緩和であふれたマネーが流入し、不動産価格や株価の押し上げに一役買っているようだ。

海外投資マネーの多くはまず規制がない香港に入り、そこから中国本土に投資されるとみられる。不動産への直接投資は難しい。株式投資ならば中国政府が認めた枠内に限られるが行える。海外マネーは、現実には中国人や現地企業などを経て不動産にも投資されているようだ。

２０１２年中は景気減速を受けて、中国からの資金の流出の方が流入を上回る状況を招いた。資本金融収支は昨年4～6月に赤字に転じ、直近7～9月はその赤字幅が５１７億ドル（約4兆５５００億円）にも拡大した。こうした状況から、人民元の対ドルでの上昇率は、昨年はわずか1％にとどまった。２００８年のリーマン・ショックの影響を食い止めるために中国政府が相場を事実上固定した２００９年以来の低水準だった。今年に入って流れが変わった。本格的なマネー流入がこのまま続けば、人民元の上昇は加速するだろう。

（２０１３年1月8日　日本経済新聞）

この記事にあるとおり余剰資金（ジャブジャブ・マネー）は、香港を経由して巧妙に上

過去7年間の上海総合指数

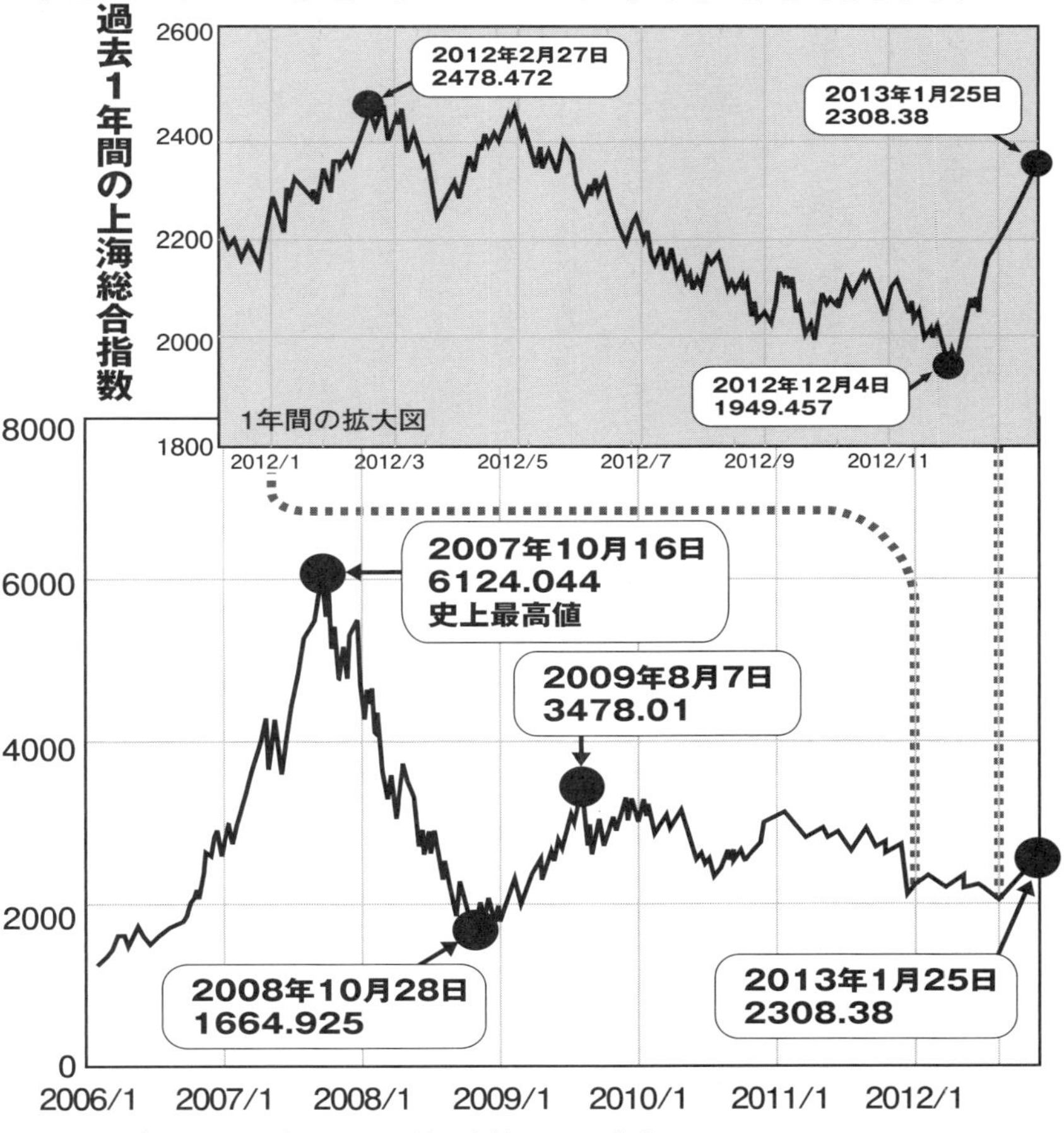

出典：ブルームバーグ、ロイター等の資料をもとに作成

いくらアメリカからジャブジャブマネーの投機資金が中国にも流れ込んできたと言っても、中国株を買い上げているのは中国人たちだろう。

海と深圳の株式市場に流れ込んでいる。２３００まで上げてくると、自分の手元資金がきつくなっているアメリカの大銀行が、次々と、中国の大企業（ほとんどは国策《こくさく》の国営企業）の脂《あぶら》の乗りきった株をヤレヤレという感じでだいたい１億株（１０００億円）単位で売り始めている。それらを実力をつけた中国国内の資金（民族資本）が買い取っている。本書巻末Ｐ２３６以下の「主要な中国株の代表的銘柄30」を参照のこと。

Ｐ41の過去7年間の上海総合指数で見ると分かるが、２００７年10月に6124という史上最高値（米サブプライムローン崩れの2カ月後）を示した。このあと中国株はずっと崩れ続けた。２０１０、２０１１年は３０００前後で動いていた。ところが２０１２年にガラガラ崩れて、２０００を割ってそれで年末に1949という最安値（大底）をつけた。そのあとの急激な立ち直りである。中国は住宅価格（30階建てぐらいの鉄筋アパート）も２０１１年に大きく崩れたので、中国は２０１２年が景気（経済）の底だったことが分かる。

ゴールドマン・サックスのジム・オニールあたりが根回しして、２０１２年12月4日を境（ボトム）として急に中国株を一斉に買い上げる動きに出たようだ。日本での円安・株高の動きとも連動している。

これに対して中国政府（経済は李克強《リークォーチャン》首相が担当）は、これが急激な人民元高になること（なぜなら外国勢が投機資金として元《げん》を買うから）を嫌がる。それでP23で書いたとおりドル・元相場に変動の「1日当りの値幅抑制（規制）」を導入して急激な「元高《げんだか》ドル安」を徹底的に抑え込もうとしている。だから1ドル＝6・2元の壁をなかなか超えることができない。理論価格としては、すでに1ドル＝6・1元が出現している。

住宅バブルか、株の高騰かの選択

一国の経済政策《エコノミック・ポリシー》（景気の梶取り）は、大きくは「土地か株」しかないのである。中国政府は、景気（経済）のたづな捌《さば》きとして、「土地（住宅）か株か」のどちらか一方の上昇を大目に見て（放置して）、どちらかを規制（暴騰の阻止）をしなければならない。どちらか一方が上がることを許容（放任）しなければ、国民が元気が出ない。そこで、どちらを放置（黙認）するかだ。

住宅（今はほとんどが都市の高層アパート）価格が、深圳、上海の大都市部で、昨年10月から再び上がり出している。その前年の2011年秋が〝住宅バブルの崩壊〟真っ最中だった。私はこの「ただ今住宅暴落中」を中国で目撃した。今も住宅値上がりの噂だけが広がっている。まだその真偽《しんぎ》のほどが分からない。李克強首相が、銀行の住宅ローン（を借りる条件）を暖めようとしていない。暖めさえすれば、住宅価格はすぐにでも一気に反発して、中国全土で再び土地バブルが起きるだろう。まだ住宅を持っていない一般庶民層（農民、労働者）が、なんとか安値なアパート一戸（50万元＝700万円ぐらい）を住宅ローンで〝持ち家〟できるようにする政策を強力に推し進めている。急な値上がりはこれの邪魔になる。すでに北京、上海では床面積100平米（30坪）で、300万元（4200万円）ぐらいで高値安定しているアパートが、再び2009年の〝狂乱地価〟で起きたような5000万元（7000万円）にまで暴騰することを李克強が簡単に許すとは思えない。

ということは住宅（土地）に対する融資の引き締め（住宅ローン規制）を続けるだろう、ということだ。だから住宅（不動産）よりも株式の方を〝底上げ〟するほうを選ぶだろう。だから、やはり中国株はこれから上がるだろう。

繰り返すが、個別の銘柄《めいがら》については、本書の巻末に恒例で代表的な大企業30株を載せてあるので参照して下さい。中国株の買い方・売り方をよく知っている人は株買いをやって下さい。中国で2007年、起きた株式の10倍（1000％）の値上がりのような超バブルはもうないだろうが、着実な2倍、3倍への値上がりはあるだろう。

今の中国は、アメリカ、ヨーロッパ（そして日本もそれに無理やり追随させられて）のように、財政破綻（国家債務危機）と金融危機を原因とするジャブジャブ・マネーをやっていない。今の中国は実にしっかりとした実需《じつじゅ》（実体経済《リアルウエルス・エコノミー》）に裏打ちされた安定感のある経済政策《エコノミック・ポリシー》（これは財政政策《フィスカル・ポリシー》と金融政策《マネタリー・ポリシー》の二つからなる）を行っている。

中国の物価は安定している。安定しているどころか、2年前から下落している。中国の消費者物価指数（CPI《シーピーアイ》）は安定しているを通り超して下がっているのである。農産物（食料）値段は下がっているのだ。穀物（米、小麦、とうもろこし、豚肉）などは豊作が続いて値下がりしているのだ。つまり成長経済（好景気）なのにインフレがない。かつ政府主導（次のトップになった習近平《しゅうきんぺい》の２０１２年11月15日〝お披露目〟演説）の「所得倍増計画」が始まって賃金（給料）は急速に上がっている。つまりものすごく優れた経済のカジ取りをやっている。中国の物価と賃金の話は本書P１４０、P１９１でも現地調査レポートしている。

どうして日本国内にはこの事実がまったく伝わらないのか。中国の悪口ばっかり言うことが、日本国の〝国是《こくぜ》〟というか、大方針だからである。アメリカによって洗脳され、あやつられ放題のままの、私たち日本国民の悲しい現実がここにある。尖閣問題で日本人が、無用な大騒ぎをしている（させられている）わきで、中国は着々と経済成長を続けている。

中国での金投資は有効か？

中国で現地で黄金《おうごん》を買ってみよう。中国で金《きん》を買うと日本で買うよりも得であるか、私は自分であれこれ実践して調べてみた。

金《きん》の価格は、世界共通値段である。だから、日本でもほとんど中国でも変わらない。あとは為替と税金（7％の貴金属取引税）の問題だ。今のところはニューヨークのコメックス市場（ＣＯＭＥＸ）という商品先物《さきもの》市場の金価格に中国も連動している。しかし、もうすぐアメリカ国内での価格がそのままドル表示での世界価格である、という時代は終わる。「金とドルの兌換《だかん》（交換）体制」である「金ドル体制」はあと数年で崩壊するだろう。

私は今回は、のべ板（のべ棒）ではなく純金のブレスレットを買ってみて、あれこれ価格比較をしてみた。重量が29グラムのブレスレットで、日本国内でのクレジットカード価格で17万5000円だった。1グラムは6000円であった。

中国の金《きん》製品の値段は公正だった

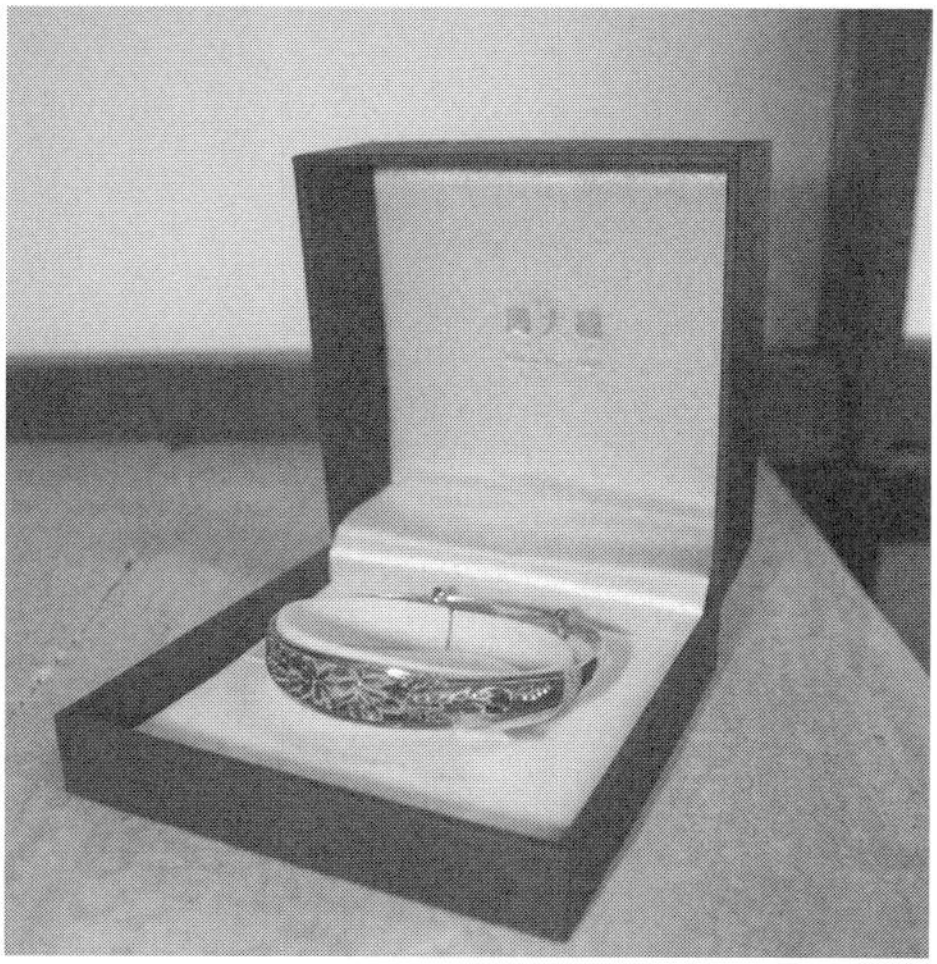

「周大福《しゅうだいふく》」や「周生生《しゅうせいせい》」という金製品のブランドがある。東南アジア一帯でも売買できる。

本当にこの中国製品の金《きん》が良い金属なら、どこの会社の製品であれ、日本の田中貴金属は1グラム4200円で買い取ると店頭で言われた（2012年11月）。日本で売ると地金《じ》値段《がね》は12万2000円だ。5万円ぐらいの差額が出て私が損をする。この5万円が差損《さそん》だ。一オンス（31グラム）の金貨《ゴールドコイン》は15・5万円であり（2013年1月には売り値17・5万円）、売る時は13万5000円ぐらいだ。売り・買い取りで2万円ぐらいのプレミアム（割り増し、割り損）がつく。これと比べるとよい。

中国ではこの純金のことを「足金《あしきん》」と書く。「24金《きん》」のことだ。店頭にある重量計（質量計《しつりょう》）で非常に正確に計られる。実は日本の田中貴金属も、この質量計だけで「そのものが純金であるか否か」を手早く決めている。賢いやり方だ。香港の「周大福《しゅうだいふく》」と、「周生生《しゅうせいせい》」と、「ラッキー・ドラゴン」など大手の貴金属会社が、中国の主要な都市すべてで営業している。これらの店を上海のあちこちでも見かけた。これらの香港企業よりも「中国黄金《おうごん》」という国営企業（巻末P250に株価あり）が一番の信用を誇っている。冒頭のP5に写真を載せたとおり社名そのままの「中国黄金」ののべ板（500グラム）を売っている。それを私たち日本人もこれからは買うべきだ。香港系などの金属商が中国全土に進出しており公正な値段で取り引きされている。

中国の主要な銀行でも金ののべ板を商品として売っている。

銀行の店頭でも純金の延べ板を売っている。中国工商《こうしょう》銀行（ＩＣＢＣ）と中国招商《しょうしょう》銀行の二つの民間企業が元気である。「中国黄金」に負けないぐらいの信用の高さで金《きん》の地金《じがね》商品を売っている。だから私たちは中国で金を買って、それを中国の安全な所に置いておけばいい。「これから金はもっと上がる」と、中国人たちは言っていた。中国人は金（黄金）が大好きだ。金とつき合ってきた長い歴史がある。「私も金を買いたいけれどお金がない」という言い方をする。余裕の資金があればすぐにでも金を買うという感じだ。

ところが、私たち旅行者の外国人が、クレジット・カードで金《きん》を買おうとして、最近、急激に「外国人のクレジットカードは使えません」という動きが出た。ＶＩＳＡカード（イギリスのバークレイズ銀行とアメリカのバンク・オブ・アメリカが作った）でさえ、中国内では外国人がどんどんどんどん使えなくなりつつある。ＶＩＳＡやアメックスカードが使いにくくなっているのだから、日本の「ＪＣＢカード」などかつての威力をまったくなくしている。ＪＣＢカードの不振は、日本の国力の衰退を如実にもの語っている。なぜ、ＶＩＳＡカードでさえが中国国内で使いにくくなっているのか。その理由は、どうも中国の「銀聯《ぎんれん》カード」にある。「銀聯カード」のものすごい世界中での伸長と関係している。

中国全土で銀聯カード（英語名 Union《ユニオン》 Pay《ペイ》 Card《カード》）が使われている。私が日本で作って持っている銀聯カードは中国では使えない。法律の力で効力が切断されている。それは日本政府による中国の脅威への嫌がらせだろう。

私は銀聯カードあるいはＶＩＳＡカード、アメックス・カードで、２５０万円分ぐらいで５００グラムの金ののべ板を買おうと思ったが甘かった。ＶＩＳＡカードに限らず有名なクレジット・カードの恐るべき便利さは、何の手数料も取らずに（お店から取る）裸の為替の値段で、買い物ができることだ。そしてそのまま自国通貨の値段で請求書がくる。ＶＩＳＡに入っているお店のほうが２・５パーセントとかを払わなくてはならない。お店の側としてはそれが痛い。現金が何よりとなる。クレジット・カードの素晴らしさは、そろそろ各国政府の金融行政から目の仇にされ始めている。

日本の田中貴金属でも、ＶＩＳＡカードでは金《きん》は買えない。「現金を持ってきてください」と言う。貴金属商はどこの国でも同じで「現金でならいつでも売ります」と言う。だから中国で、どうやって１キロ５００万円（36万元）の高額になってしまった金ののべ板を買うかと言ったら、やはり人民元の束（１００元札の大きな束）を手に入れて、現金で直接払うしかない。外国為替（フォーリン・エクスチェンジ）を立てないで、お金を動かすということを各自考えましょう。どこでどうやって現金の束に代えるか、だ。これ以上のことは書きません。

金《きん》の買い取り調査

中国で買った金のブレスレットを、日本で4店舗まわった結果を報告する。

1. 田中貴金属

受付で番号札を渡され、待っている間に、住所・名前・電話番号を用紙に記入させられる。その用紙の裏に、「売却における同意書」（一度、売ったら、元の状態では取り戻せないなど4項目あり）に署名する欄がある。

値段の査定は、そのブレスレットを機械にかけたら、表面は24K（純金）だという結果が出た。しかし「そのブレスレットの内部までも24Kかどうかはほんの少し削って、その成分を調べる」と言われた。ここまでやるのである。今日は売却しないので削らないでくださいと、断った。

すべてが24Kの場合、28・9グラム　×　4273円（11月12日のレート）＝¥

１２３４８９（手数料込み）であった。

2. Ｇｏｌｄｐｌａｚａ（関東・中部・関西にある貴金属やブランドものの買い取り業者）

「この金のブレスレットに刻印がない」とのことで、大手の中国ブランドの「周大福」である刻印を知らないらしい。勉強不足である。機械（水に入れる）で比重《ひじゅう》を測った。「比重が19」だから、純金ではない「22Ｋ」の扱いになると言われた。価格の査定は、29グラムで計算して、¥１１１０００だった。このようにしてズルい業者利益を出すのだろう。

3. 石福

「有名ブランドの刻印のある指輪など金地金《きんじがね》でなければ、その金製品を溶かして不純物を取り除き、そのグラムで査定する」という方針である。「その溶かすための手数料がかかるから、金の買取り価格よりも、手数料の方が高くなる場合もある」と言われた。査定金額は出なかった。

4. ●●屋（大手の金製品宝石類の買い取り業者）

「金買取ります」の看板をかけていることが多い。目利きの店員が、ルーペで見て、手触りの感触で調べる。「刻印がないので24Ｋかどうか判断できない。24Ｋなら、１グラム３７１０円で買い取る」と言った。ずいぶんと安い値段だ（店側にとってはこれが利益になる)。査定額は¥１０７８５０だった。

中国の純金の刻印は、「24Ｋ」ではなく「足金《あしきん》」と刻印されている。「22Ｋ」かもしれないので売却したいなら、「預けてもらって翌日に金の鑑定結果を出してから正確な買い取り金額を出す」と言った。

すべての店舗で中国で購入した際のレシートも見せた。田中貴金属がいちばん良心的であり高い買取り価格を示した。「22Ｋ」の場合はその分だけ価格は安くなる。


前述した中国のクレジットカードである「銀聯カード」は日本国内で作ったものはダメだ。だが日本人である私たちでも、香港や深圳やシンガポールの銀行でつくった銀聯カードなら、これからは世界中で使える。これからはＶＩＳＡカードを圧倒して、中国の銀聯カードが世界一のクレジットカードになってゆく。もちろん日本国内で高価なものも買える。ということは中国国内やアジア諸国の銀行で発行された「銀聯カード」を私たち日本人も携行して使う時代が来た、ということだ。米欧日の金融当局によって少しぐらいの邪魔が、それぞれの国の金融統制《ファイナンシャル・コントロール》の目的で行われても、銀聯カード(人民元建てのクレジット・カードということだ)はその壁を乗り越えてゆくだろう。人民元(人民幣《レンミンビ》)

の信用力が世界中で生まれつつあるということだ。

500万円ぐらいを現金で香港やシンガポールへ持って行って、香港で銀行口座を開き聯銀カードを作る。そして川向こうの深圳（中国側）に行く。深圳の銀行では手数料なしで、そのまま現金の人民元を下ろせる。そのようにして大量の人民元の束《たば》を手に入れることができる。それで中国で金《きん》を買うなりできる。もしかしたら不動産（住宅）を買うのである。その頭金《あたまきん》（ダウン・ペイント）ぐらいにはなる。高層アパート（住宅）であっても、「外国人であっても現金でなら売る」というのが今の中国である。ただし香港で作った法人（ペーパーカンパニーでよい）の名義で買うのがよい。友人の中国人名義で不動産を買うと、あとあと必ずトラブルになる。

金の保有量でも中国が急伸している

中国があと3年で（2015年は世界NO・1《ナンバーワン》の金《きん》保有国になるだろう。このことがはっきりしてきた。「中国政府は1万トンを金準備として保有する」と宣言した。「このことは各国政府の金の保有残高の表」から分かる。つい最近（2013年1月16日）ドイツ政

各国政府の金《きん》保有量（2012年7月現在）

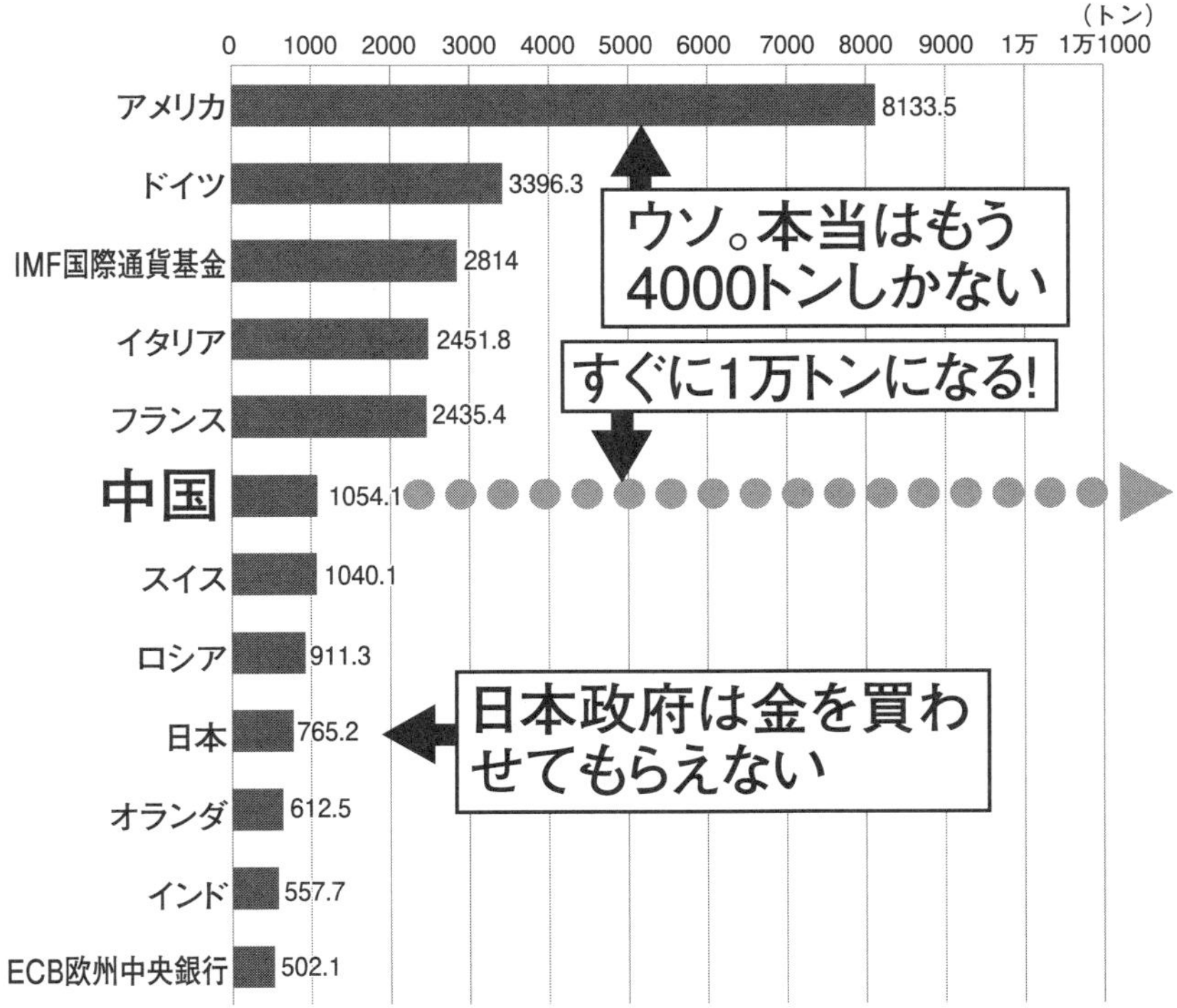

出典：国際通貨基金（IMF）への報告データをもとにWGCが作成

　最近ドイツ政府は金674トンのリザーブ（金準備）を、自国に取り戻して、持ち帰ると発表した（2013年1月）。赤っ恥もののアメリカ。

府が「アメリカとフランスに預けてある674トンの金塊（リザーブ・ゴールド。まさしく準備金《きん》）を（軍艦で）自国に持ち帰るので「渡してくれ」とアメリカ政府に要望をしたという報道があった。「アメリカ政府はこれに応じる方針」となっていた。いかにも嫌そうに、渋々という感じである。このことは「金《きん》ドル体制の終わり」の徴候である。アメリカの信用が揺らいでいるのだ。

■ドイツ連銀、金674トンを移管へ　信頼回復狙い　20年までパリとNYから

ドイツ連邦銀行（中央銀行）はパリとニューヨークの保管庫にある金674トンを2020年までに本国に移す方針だ。ドイツの金準備《ゴールド・リザーブ》に対する国民の信頼感を回復させるのが狙い。

独連銀《ブンデスバンク》が1月16日に発表した文書によると、金の段階的な移管は今年から開始する。ドイツの金準備（引用者註。ドイツ政府は金3300トンを保有している）のまず半分を2020年末までに（独連銀のある）フランクフルトで保管する方針。移管する金は約270億ユーロ（約3兆1800億円）に相当する。現在フランス中央銀行に保管されている374トンの全てと、ニューヨーク連銀に預けてあるうちの

３００トンがそれぞれ移管されるという。イングランド銀行（英中央銀行）に保管されている金は移管されない。

独連銀は、「この新たな保管計画で、ドイツ連銀は金準備の2つの主要な機能に重点を置いている。それは、国内での信頼と自信の構築である。そして国外の金取引拠点で短期間のうちに金を外貨と交換する能力を高めることだ」と説明した。パリで保管されている金準備を全て自国内に移管するのは、ドイツとフランスは共にユーロ通貨を利用しているため、ドイツがもはや金取引拠点としてフランスに依存しない事実を反映していると表明した。

独の会計検査院は昨年、国外の金準備の存在について、「（本当に帳簿上の金《きん》が存在するのか）これまで検証されたことがない」として独連銀に調査を要請した。これをきっかけにドイツでは金準備に関する議論が巻き起こった。ドイツの金準備は米国に次ぎ世界2位で、昨年末時点で３３９１トン、１３７５億ユーロ（17兆円。１グラム５０００円で換算）相当に上る。

（２０１３年1月17日　ブルームバーグ）

このドイツ政府のあからさまな行動に見られるように、いよいよ本当に「金・ドル体制」

（アメリカの世界一極《いっきょく》支配体制）は急速に終わりに向かいつつある。世界中の政府が、アメリカ政府に対して「本当にアメリカに金《きん》があるのか」と疑いだしている。ベネズエラのチャベス大統領が、２０１１年に「４００トンの自国の金《きん》をニューヨークから軍艦で持ち帰る」と宣言して実行に移した。

中国政府は、Ｐ55の表にあるとおり、１０５４トンを保有している。これで世界第５位である。中国政府は、民間保有の分を除いて、「中国は近いうちに1万トンの金を準備《リザーブ》として保有する」と宣言した。あとの新聞記事にこのことが書かれている。中国は、２０１０年には、（官民合計で）４００トン（現在価格で2兆円）を海外から買い入れている。この他に中国国内では年間に３１３トン（２０１０年）の金《きん》を鉱山から産出している。これを10年続ければ金鉱山での金保有だけで３０００トンである。現在、金《きん》は世界中で年間２８００トン（14兆円）が採り出されている。すでに南アフリカを抜いて中国が世界一の産金量《さんきん》である。

この他に香港を経由して秘か（でもないが）に、年間５００トンぐらいずつを輸入している。ということは、1万トンの金保有などあっという間だろう。2万トン保有になってもおかしくない。Ｐ55の表で中国は、１０５４トンですと公表しているといっても、これは2008年に公表した数字である。5年たった今年（2013年）には、おそらく4000トンはすでには保有しているだろう。だからあと3年もせず1万トンなのだ。次の新聞記事は確かにおもしろい。

■中国の金輸入、急増の怪
真の買い手は人民銀行？ ドル基軸《きじく》揺らぐ影響力

昨年（2011年）9月に、金の価格は1トロイオンス1900ドル（1グラム4800円）を超す史上最高値を記録した。それ以降、金の国際相場は1600ドル台で調整局面が続く。ところが、もたつく相場をよそに、金の市場はある話題で持ちきりだ。中国の輸入量が急増しているのだ。

中国政府は金の輸出入統計を公表していない。そこで市場が注目するのは、香港当局が毎月発表する貿易統計だ。「中国に向かう金《きん》の大部分は拠点市場の香港を通り、深圳や上海で宝飾品などに加工される」(スタンダード・バンクの池水雄一《いけみずゆういち》東京支店長)からだ。

異変が起きたのは昨夏だ。香港から中国への金輸《きん》出量が、8月に40トン台に増えた。

11月には初めて100トン（5000億円）を超えた。国際市場との裁定取引《さいてい》（アービトラージ）が活発になり、中国から香港への金輸出も増えた。それを差し引いても、4月は67トン強が香港から中国へ輸出された。この水準が続けば、年間800トンの金が中国国内に積み上がる。

金の価値を支えるのはその希少性《スキャーシティ》だ。英調査機関の推定で、昨年の世界の金《きん》の鉱山生産量は2818トンだ。これまでの生産分（地上財庫）は17万トン（85兆円）あるとされる。しかし市場ですぐに売買できる在庫は少ない。

目先の金相場はニューヨーク先物《さきもの》に左右される。しかし中長期では現物《げんぶつ》の金の動きで価格が決まる。だからこそ市場関係者は、毎月数十トンもの金塊が中国に向かっている現実に身構える。市場には推論が飛び交う。多いのは「金《きん》市場の自由化に合わせて、中国での投資が膨らんだ」という説だ。中国の大手金融機関による金の取り扱いの解禁に加え、上海の商品取引所《コモディティマーケット》でも金投資が可能になった。その需要が輸入増に表れている。

世界各国の国民や機関投資家が金保有を増やせば、その分、余剰のマネーが不動産投機などで暴れる事態が減る。金も商品《コモディティ》投資とはいえ、食材（農産物）や石油のよ

急増する香港から
中国への金《きん》の輸出量

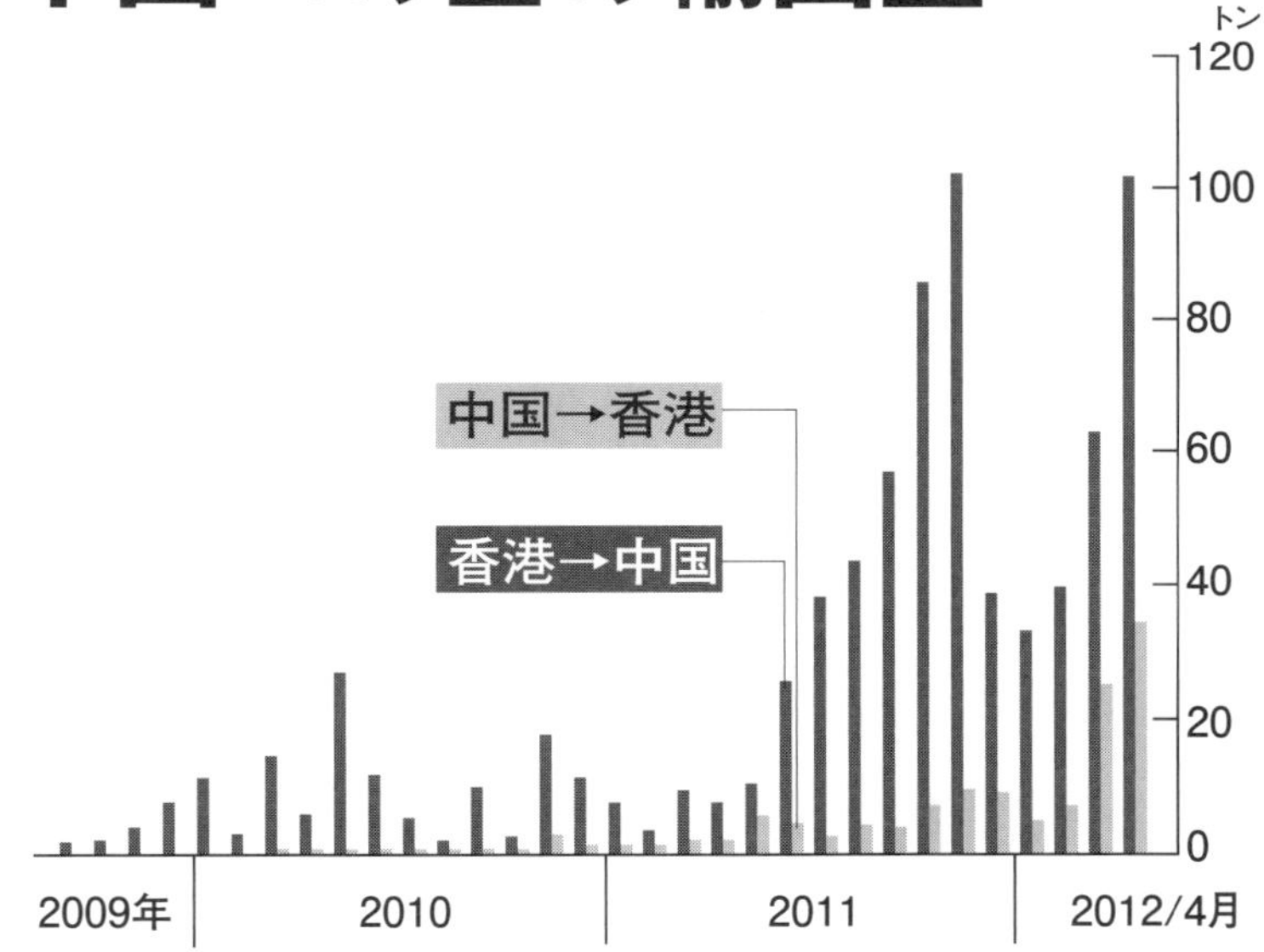

出典：日本経済新聞

このグラフから、中国が2011年6月から急に香港経由で金をガバガバと買い始めたことが分かる。月の平均で60トンとして、年間で700トン（3.5兆円）だ。これに国内で採れる毎年の300トンがある。ということは1年で1000トンずつ金保有が増えてゆくとはっきりと分かる。だから1万トンはすぐだ。この他に民間保有もすぐに1万トンになるだろう。

うにインフレには直結しない。金取引の自由化の狙いはそこにある。

ただしこの解説でも謎は残る。店頭での個人の金《きん》買いは、昨年の春節《しゅんせつ》（旧正月。2月8日前後）商戦の方が盛り上がった。中国は今や世界最大の金《きん》産出国である。昨年の推定産出量は371トンに増えた。これに急増した輸入が加わる。だから「金《きん》の総供給量はいくら個人投資が盛り上がったと言っても多すぎる」との声がある。亀井幸一郎氏の推測では、中国人民銀行（中央銀行）による金準備《ゴールド・リザーブ》の増強があるからだ。金《きん》市場では現在、各国の中央銀行が準備資産の多様化を進めようとして、金《きん》の大きな買い手になっている。ロシアやメキシコ、タイなどが着々と金準備を増やしている。〝これは米ドル離れ〟と連動した動きだ。

人民銀の公表金《きん》資産（1054トン）は、3兆3千億ドル（260兆円）ある中国の外貨準備《フォーリンリザーブ》のわずか2％弱にすぎない。ところが人民銀行は、2009年に突然「国内産出金やスクラップを集め、03〜08年に金準備を計454トン積み増した」と発表した。今回も水面下で間接的に金を買い集めているようだ。

2009年に中国政府高官が「国として金の保有量を中国は、8〜10年内に1万トンまで増やすべきだ」と述べた。「中国政府は国内に金をため込むことを考えている。

金の輸入は自由化したが、輸出は実質的に自由化していないのがその証拠だ」（豊島《としま》逸夫《いつお》氏）

米ドルの基軸通貨《キー・カランシー》としての地位が揺らいで、世界的にインフレが進めば金の価格はますます上がる。金保有が多い国は国際金融秩序で強い影響力を持つ。急増する金輸入の裏に政府・人民銀行の野心が見える。中国は、自国の金生産を10年間ため込むだけで3千トンを増やせる。中国がいずれ米国（８１３４トン）を上回る世界最大の金保有国となる可能性は否定できない。金《きん》市場の謎は再び、突然の発表で人民銀自身が解くことになるだろう。

（２０１２年6月28日　日経新聞　編集委員　志田富雄）

このように世界の金《きん》の動きは、ひとり中国の動きにかかっている。このことはすでに大きな観点からは、中国が金《きん》の世界値段の支配力を握ったということだ。いくらニューヨークで金《きん》を先物《フューチャー》で（仮需《かりじゅ》。バクチ）で売り崩そうとしても、失敗した。実需《じつじゅ》（現物《げんぶつ》市場）には勝てない。

この優れた記事と、Ｐ55の表から分かるとおり、中国が政府だけで1万トンを保有するのは時間の問題だ。いや将来は3万トンを保有してもおかしくはない。なぜなら中国政府が公表している金保有1054トン（5兆円。2008年）というのは、記事にあったとおり中国の外貨基準借高（フォーリン・リザーブ）3・3兆ドル（290兆円）のわずか2％である。EU各国は、各々だいたい外貨準備の60％ぐらいを金《きん》で準備（保有）している。ということは、3・3兆ドルの60％は2兆ドル（12兆元、160兆円）だから、金《きん》に換算して3万トンを金《きん》保有しても少しもおかしくない。

ということは中国はまだまだこれから金をものすごい速度で、かつものすごい量を買い続ける、ということだ。だから私たち日本人も、今よりももっともっと金を買うべきなのだ。金の価格が暴落することはない。

それにひきかえアメリカは、公表している8134トンなどもう持っていない。すでにあれこれの支払い（国家債務）に充《あ》てるために、4000トンぐらいは売り払っている。「アメリカに本当に金《きん》はあるのか」〝Where《ホヤ》 is《イズ》 the《ザ》 gold《ゴールド》?〟という世界中の疑念は正しい。だから、米ヘッジファンドの投機家たちが、金ETF《きんイーティーエフ》（スパイダー・シェアゴールド社というニューヨークの奇怪な会社の投資証券を売り買いする）という空《から》売りの仕組み（先物市場）を使って、おそろしい100倍とかのレバレッジ（投資倍率）を掛けて金を売り崩して価格を暴落させようとしてももう無理である。

現に、２０１１年には、金の〝売り〟を国際投機家のウォーレン・バフェットとジョン・ポールソンとゴールドマンサックスが仕掛けた。しかし彼らは敗北した。なぜなら、彼らが一斉に仕掛けて金の世界値段が下がった。２０１１年９月と12月の２回、１オンス（31g）１５３０ドルで１グラム３８００円の安値があった。この時、中国とインド、ブラジルが現物で買い上げて、これに立ち向かって買い上げた。そして彼らが勝った。

だから、これから先も私たちは、あれこれうるさい日本国内の金《きん》の売買規制（やがて取引禁止か）から上手に逃れるために、これからは日本国内だけでなく、取引が自由な中国で金《きん》を買って、そして保有すべきなのだ。その時はP５の写真に載せた「中国黄金《おうごん》」というブランド品（５００グラムの板がよい）を買うべきだ。これならば東南アジア一円《いちえん》どころか近いうちに世界中で売り買いされる。文句なしで（すなわち１００％で）どこでも買い取ってもらえる。

なおシンガポールは２０１２年８月から７％の金《きん》取引税を廃止した。中国にはまだある。日本は５％（やがて10％）の消費税（昔の物品税《ぶっぴんぜい》）だ。

中国に拓かれた大きな可能性

副島隆彦先生

初めまして、〇〇〇〇と申します。先生の本は2003年くらいから読んでいます。

自己紹介させて頂きます。

私は大学卒業後に入った会社を辞め、知り合いのつてを頼って中国へ渡りました。現在31歳です。かなりの紆余曲折がありましたが、今では大連《だいれん》の日系企業の駐在員として働いています。

大連《ターリエン》はよい都市です。日本語を話せる人が多く日本文化に理解があります。この都市の名物は日本料理だと思われるぐらい日本料理店がひしめいています。

大連はまだまだ成長が見込まれます。東北《トンペイ》地方（旧満州）の巨大な玄関口（輸出港）として世界中とつながっています。最近我が家の近くに時速300kmを超えるハルビン（哈尔滨）まで3時間で行ける高速鉄道が開通しました。どんどん便利になっています。

吉林省《きつりんしょう》出身の女性とここで結婚しました。面白い事に彼女の親戚に新疆《しんきょう》ウイグルで事

世界各国のGDP（2011年）

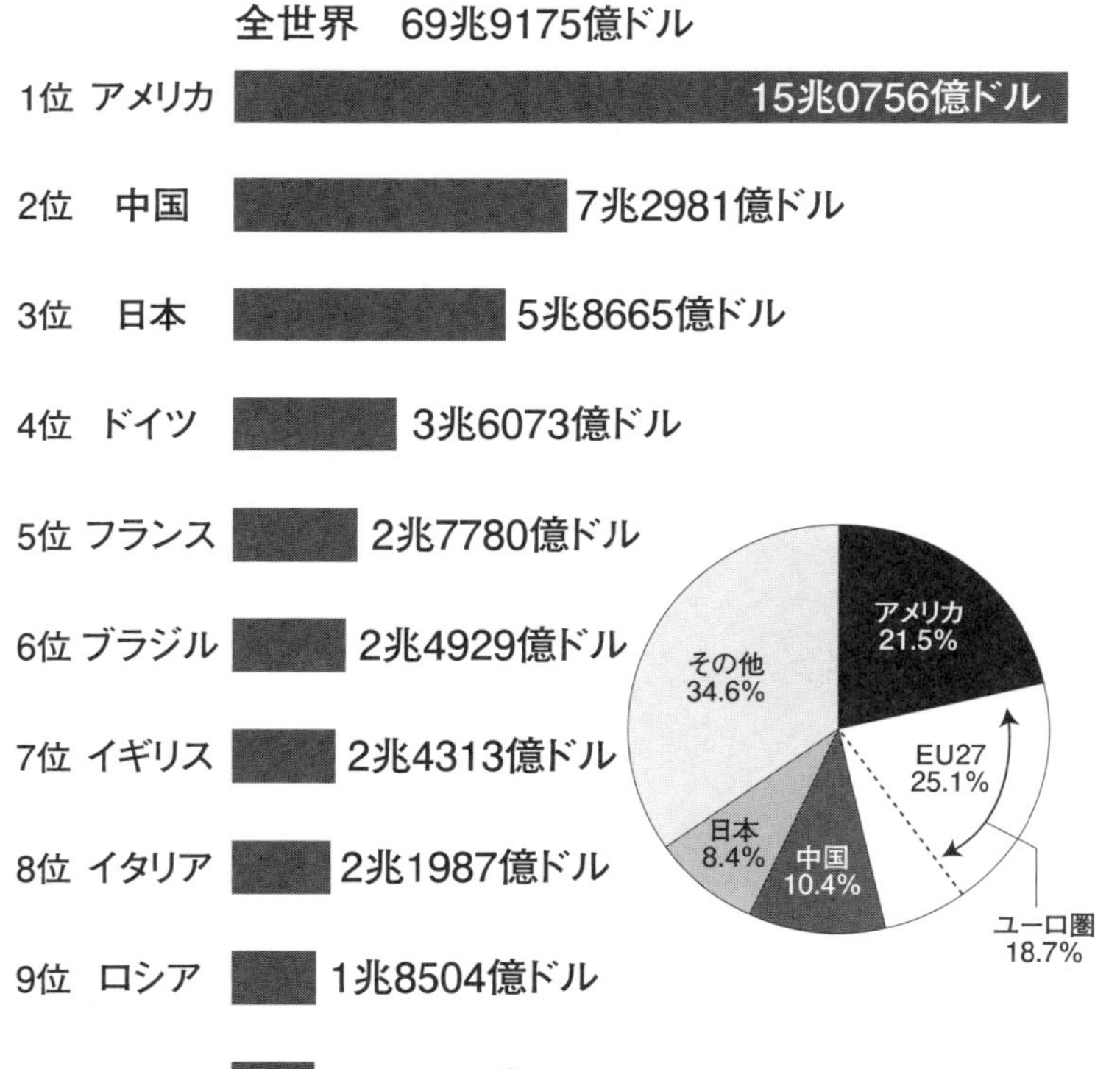

EU27ヶ国で17兆5522億ドル。
このうちのユーロ圏17カ国が13兆0758億ドルである。

出典：国際通貨基金（IMF）

業に成功した人がいます。先生の本にもありましたが、新疆ウイグル自治区は現在経済発展の真っ只中《ただなか》です。その成功者の親戚を頼って行った別の数家族も、今では日本人の平均年収をはるかに越える年収を得ています。私たち夫婦も、年に数回は新疆ウイグル（都はウルムチ）へ足を運んでいます。ウイグル族（回教徒）との民族問題がある土地ですが、さまざまな民族が混じり合っていて、内地《ないち》（中国ではこういう風に言います）以上に活気があって私は好きです。ただ、大気汚染と乾燥気候が気になります。近い将来、妻とここで商売をするつもりです。

今の新疆ウイグルは、100～150年前のアメリカの西部開拓時代です。将来はカリフォルニア州のようになるでしょう。日本（という旧世界）から流れて来た自分は、さながら当時、ヨーロッパから移民して西部にやって来た食い詰め者のヨーロッパ人にあたるのではないか、なんて考えています。

一時帰国した日本は、中国とは打って変わってまったく活気がないです。友達の誰と話していても将来に希望が見えないと言います。先生のおっしゃるように日本は衰退国家なのでしょう。私は中国にやって来てよかった。色々なことがあっても自分の人生は自分で切り拓いてゆきます。そうやって前向きに生きていくことが大切ですよね。

米と中の経常《けいじょう》収益(主に貿易収支)の比較

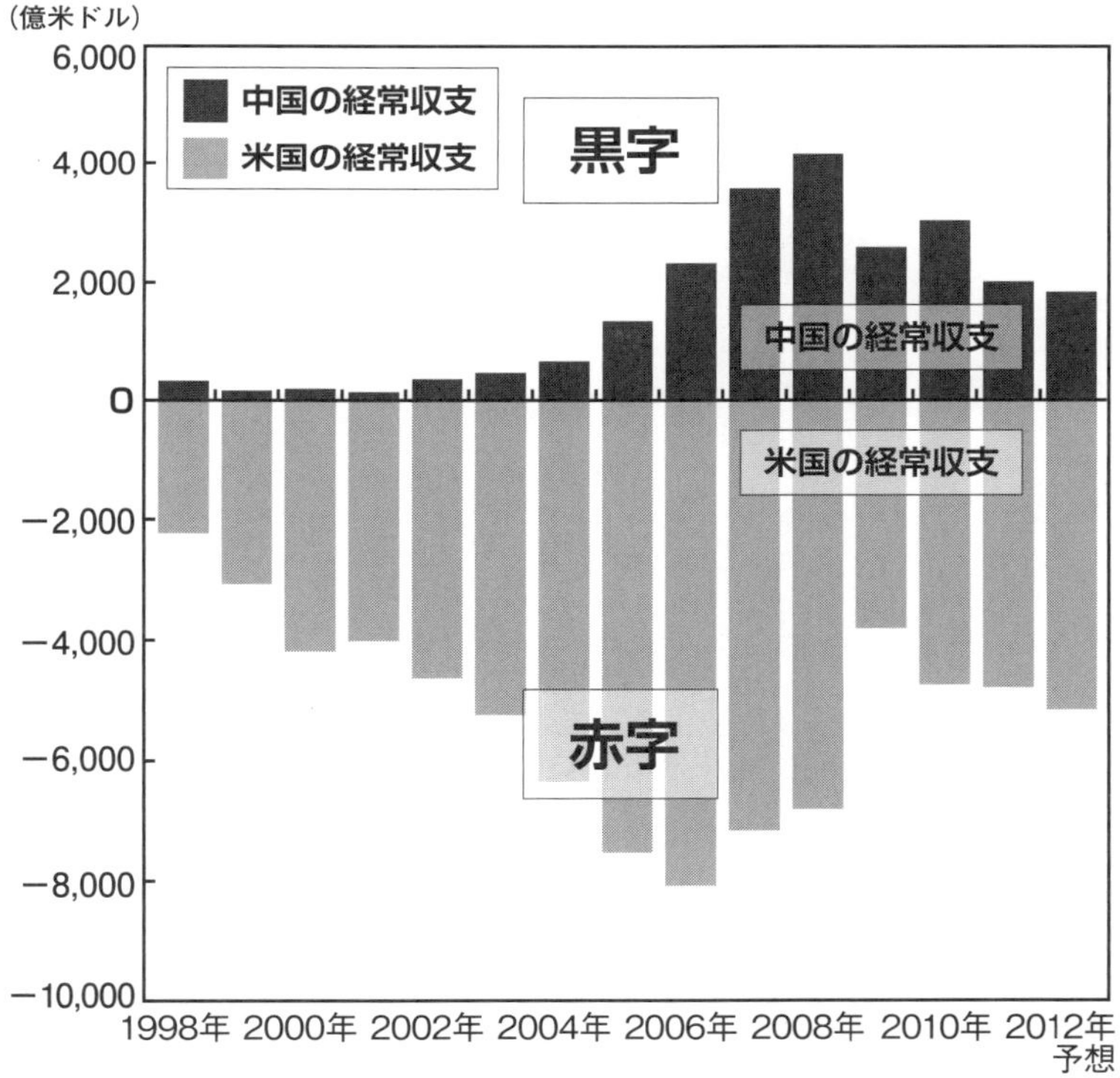

出典:世界通貨基金 (IMF)

このグラフから分かるとおり、中国は貿易で毎年大きな黒字を出している。毎年2000億ドル(180兆円)ぐらいの利益だ。それに対して、情けないことに、あれだけ威張っているアメリカは、毎年、毎年5000億ドル(450兆円)もの貿易赤字を出している。これでは近い将来の米ドルの崩壊が予測できる。

長文失礼しました。数カ月後に日本に戻った時に先生の新刊を読ませて頂くのを楽しみにしています。

○○○○

大連にお住まいの○○○○さまへ

副島隆彦から

2013年1月7日

（略）私は、現在、『それでも中国は巨大な成長を続ける』という本を突貫工事で書いています。昨年の9月に、中国で尖閣諸島の問題で反日デモがあって日本の出版環境が厳しくなりました（本を出しても売れない）。かつ今、日本国内で中国の肩を持つ本を出すことがなんとなく忌避される雰囲気になっています。

それでも、現在執筆中の私のこの中国本の編集長が、「今現在も、これからもどんどん中国に派遣される日本人サラリーマンたちがものすごい数でいます（400万人？）。彼らは日本の本社に帰ってくると肩身の狭い思いをしている。しかし中国では元気いっぱいに働いている。彼らを励ます本を書くべきです。彼らは、副島隆彦の中国本を心待ちにしていて、自分たちの頼みの綱にしていますよ」と背中を押してくれます。

○○さまからの我が意を得たりのメールをいただき、中国は私が調べてみても私がずっと書いてきたとおり今も巨大な成長を続けていると、自信を取り戻しました。

○○さまがお書きの、「近い将来、私は妻と新疆ウイグルに行って商売をするつもりです」に、私は感動を覚えました。日本から見ればずっと大陸の奥地の新疆ウイグルは、まさしく○○さまのお書きのとおりの〝大西部《だいせいぶ》〟です。私も3年前に、編集長とウルムチ、トルファン盆地、敦煌《とんこう》に調査旅行に行って、現地の中国の〝西部大開発《シーブーダーカイファ》〟のすごさを目撃しました。それに比べて、今のジリ貧の日本は一体どうなるのだと暗い気持ちになります。このまま日本にじっといて、若者たちはコンビニ店員でもしてこの衰退国家（そのくせ都市機能のインフラだけは完備している）で座して死を待つのか。私は今の日本の若者たちのことを考えるとかわいそうでならない。若者たちがこの国の将来に希望を持てないということは、私たち上《うえ》の世代の責任です。今の日本には、社会環境のせいで自分の将来を悲観してうつ病になっている者たちがたくさんいる。たくさんいるどころか、ほとんどがうつ病国民だ。

うつ病になるぐらい苦しまなければならないのだったら、いっそのこと日本を捨てて海外（外国）に飛雄すべきだと思います。まさしく○○さまが選ばれた人生の選択のとおりです。

私は、自分の周囲の失業している若者たちに歌を歌ってきかせます。「俺も行くから、キミも行け～　……狭～い日本にゃ住み飽いた　支那《しな》にゃー四億《しおく》の民が待つ」と。

馬賊《ばぞく》の歌

〈作詞　宮島郁芳《いくよし》　作曲不明　大正11年（1922）作〉

俺も行くから君も行け　狭い日本にゃ住み飽いた

海の彼方にゃ支那がある　支那にゃ四億の民が待つ

という戦前の歌を知っていますか。

引き籠《こも》っているよりも海外に打って出ることを薦めています。私の助言を素直に聞いてくれる若者はあまりいません。インフラだけは完全に整備された今の日本の、快適さの中で、コンビニの店員でもしながら将来の見通しもないままに、のんべんだらりと生きている、という痴呆のような若者たちがたくさんいます。みんな楽《らく》をしたいのです。まだまだ穢《きたな》い後進国（本当は新興大国なのに。インドネシアなど）に行きたくないのです。

○○君がお住まいの大連は、海辺にあって比較的温暖ですから、今や日本からの中国進出の企業群の一大繁栄地です。

日本国内には、中国についてのウソばっかりがこれでもかと言うぐらいに計画的に報道されて、誤解が蔓延しています。「中国では殴《なぐ》られませんでしたか」と平気で聞く馬鹿がたくさんいます。日本のメディア（テレビ、新聞、週刊誌）はすべてアメリカの支配下にあり、私たち日本国民は謂《い》わば〝制空権《せいくうけん》〟を奪われて、「目をつぶされた羊の群れ」のようです。何時《いつ》、崖から突き落とされるのか危険でならない。（以下略）

私はこのような手紙《メール》のやり取りを読者と最近した。本当に、私は400万人（推定）はいるであろう中国への、会社命令での日本人派遣社員（長期滞在と短期の両方がいるだろう）を励ますためにこの本を書いている。2万5000社（うち大企業4000社）が中国に進出している、ということは一社当り100人としても250万人だ。200人なら500万人だ。これぐらいはいる。彼らは行った先の日系企業（合弁《ごうべん》が多い）に骨を埋《うず》める覚悟で働いている。中国ビジネスに自分の一生を懸けている人々だ。そしてその勝算は十分にある。〝アメリカの子分〟をやり続けることしか能のない愚か者たちとは全然違う。だから私は、東南アジア諸国を含めて「大中華圏の復興と伴に生きる」ことに自分の将来を賭ける若い日本人たちを応援する。

第2章

新指導部「チャイナ・セブン」

体格の中国トップたち

陝西省出身。習仲勲（しゅうちゅうくん）元副首相が父。党幹部の子弟らが集まる「太子党」の代表。文化大革命のあおりで10歳代から陝西省延川県で７年の下放（かほう）生活を送った。河北省、福建省、浙江省で約25年過ごした。江沢民前国家主席ら長老の支持を得て、最高指導者の座に上り詰めた。妻は中国で有名な軍所属の歌手・彭麗媛（ほうれいえん）。
胡錦濤国家主席の直系。胡錦濤と同じ時期に共産主義青年団（共青団）に所属し、つねに食事を共にする仲として引き上げられた。北京大卒業後も北京大共青団に残り、1985年に小沢一郎の自宅にホームステイした。99年、43歳で河南省長となった。その後、河南省トップの書記、遼寧省の書記を務めた。行く先々で災害や事故が起き「運が悪い人」との評判もあった。
朝鮮族が多く住む吉林省延辺（えんぺん）の大学で朝鮮語を学び、北朝鮮・金日成総合大に留学し卒業した。吉林、浙江、広東省書記を経て2008年に副首相。鉄道建設を推進した。2012年3月、更迭された薄熙来・重慶市書記の後任として着任。江沢民が薄の更迭の条件として張の後任登用を推したとされる。だから薄熙来を支えた江沢民の直系。しかし胡錦濤にも従った。
父親は初代天津市長・兪啓威（ゆけいい）。ハルビン軍事工程学院でミサイル技術を学んだ。電子工業省時代の上司は江沢民。1984年に中国身障者福利基金会の副理事長となり、同会理事長で鄧小平の息子・鄧樸方（とうぼくほう）を支えた。山東省煙台市長、同省青島市書記、建設相、湖北省書記を経て2007年から上海市書記を務めた。
山西省出身で、となりの内モンゴル自治区でキャリアを積んだ。教師、新華社記者を経て、共青団の内モンゴルの副書記を務めた。内モンゴルと党中央で宣伝畑を歩んだ。息子の劉楽飛（りゅうらくひ）は投資ファンドの有名な運営者で、米『フォーブス』誌によって「2011年アジアで最も影響力のあるビジネスリーダー 25人」に選ばれた。
中国共産党で随一の経済実務家。金融に強く、難局を乗り切る剛腕から「消火隊長」と呼ばれる。夫人は故姚依林（よういりん）・元副首相の娘。結婚によって太子党に加わった。2008年から金融・経済担当の副首相。アメリカ財界とつながっている。新指導部では党員の汚職調査などを担当する党中央規律検査委員会のトップとなる。
厦門（シアメン。あもい）大学を卒業後、石油省の広東省茂名製油所に入り、中国石油化工集団（シノペック）の茂名製油所社長を85年まで務めた石油閥。広東省副省長、深圳市書記、山東省書記を経て、2007年から天津市書記を務めた。深圳時代に香港の長江実業（ちょうこうじつぎょう）集団を率いる大富豪・李嘉誠（りかしん）と盟友関係を結び、李と江沢民の間を取り持ったといわれる。

全員、髪が黒くて立派な

第18期
政治局常務委員
新「チャイナ・セブン」

2012年11月15日、中国共産党の第18期中央委員会第１回総会を終え、北京の人民大会堂壇上に並ぶ新指導部。左から張高麗、劉雲山、張徳江、習近平、李克強、兪正声、王岐山。　（写真提供：共同通信社）

序列第1位	習近平（59歳）シー・ジンピン	総書記・中国共産党中央委員会総書記、中国共産党中央軍事委員会主席、中華人民共和国副主席
第2位	李克強（59歳）リー・クォーチャン	国務院常務副総理 3月から総理
第3位	張徳江（66歳）ジャン・ドォージアン	国務院副総理
第4位	兪正声（67歳）ユー・ジョンション	中国共産党中央書記処常務書記
第5位	劉雲山（65歳）リウ・ユンシャン	中央宣伝部、文化部（言論統制の係）を統轄
第6位	王岐山（64歳）ワン・チーシャン	中国共産党中央規律検査委員会書記（党員の腐敗を摘発する係）
第7位	張高麗（66歳）ジャン・ガオリー	資源派

新リーダー、習近平の宣言

次の中国指導者のトップ7人が決まって2012年11月15日（第18回党大会の最終日）に早速〝チャイナ・セブン〟の記者団へのお披露目《ひろめ》があった。そこで習近平《しゅうきんぺい》がのちのちの記念、あるいは歴史に残るであろう演説を実に平易なコトバでした。それは世界中に、「大中華圏の復興」（あるいは「中華民族の大きな復活」）と報じられた。だが、私がその習近《シーチン》平《ピン》の演説の中国語の原文を調べてみても「大中華圏」とか「中華民族」というコトバが見当たらない。不思議である。そこでここに「習近平11月15日演説」の中心部分と思われる箇所を載せる。

（原文）

我們的人民熱愛生活、期盼有更好的教育、更穏定的工作、更満意的収入、更可靠的社会保障、更高水平的医療衛生服务、更舒適的居住条件、更優美的環境、期盼孩子們能成長得更好、工作得更好、生活得更好。人民対美好生活的向往、就是我們的奮闘目標。

（訳文）

私たち中国人民は生活を愛し、さらによい教育、さらに安定した仕事、さらに満足できる収入と社会保障を期待し、よりよい医療と衛生を高め、仕事がよくなり、生活がよくなること、中国人民の快適な生活への憧れこそが、私たち（共産党と人民）が奮闘すべき、努力するべきことです。（新華社）

このようになっている。「我們《ウォメン》（私たち人民、あるいは「私たち」共産党）もしっかりするから……」という感じの表現とコトバしか使っていない。私自身は「大中華圏の復興」でいいと思う。まさしく、私が２００７年から分析し予想し唱導し本にしてきたとおり「世界覇権はあと3年で（２０１５年に）中国に移る」のである。

「中国帝国がアメリカ帝国に取って代わる」のである。それを習近平が、前任者の胡錦濤《こきんとう》の発言を引き継ぐかたちで、大方針として「所得の倍増計画」を発表している。

この中国国民の所得（年収）を、今（２０１１年を基準とするらしい）の2倍に10年で

（すなわち２０２２年までに）する、と決めたということだ。これが中国の新しい指導部の大方針《マニフェスト》（国民との約束）だ。この「人民の生活をよくし、所得を倍増する」という大方針を自分と、首相（国務院総理）になる李克強《りこっきょう》の二人で今から5年（２０１７年19回党大会）と、さらに5年（２０２２年20回党大会）の10年間で「やるべき仕事」として、世界に公表、公約したということである。

中国は、まだまだ地方の貧しい農民9億人がいる。彼らは大都市に「農民工《のうみんこう》」、「民工《みんこう》」（今もまだ使う。出稼ぎ労働者のこと）として出てくる以外は、農村や近くの小都市で働いている。彼らの年収は今やっと2万元（30万円）。月収は、１５００元として2万円）だ。それを「10年で2倍に」というのは、アレ？　たったの4万元（60万円）だ。そんなのは簡単だよ。そんなのは、あと3年でそうなるよ、と私は疑った。

今の中国の全土の工場で吹き荒れているのは、ものすごい勢いでの、目をみはる賃金の上昇だ。「今すぐに賃金を2倍にしろ」と要求する労働組合らしき人々の要求だ。この激しい賃上げ要求が全土に満ちあふれかえっている。しかし経営側からの「あんまり騒ぐと首謀者から順番にクビ（解雇）にするゾ」という強い圧迫もかかっているだろう。それが世界中の労働現場の真実だ。

■鴻海《ホンハイ》も苦戦、集まらぬ中国の労働者　若者定着せず「きつい仕事、我慢できない」

中国の製造現場で労働者の確保が一段と厳しさを増している。多くの工場が深刻な人手不足に直面し、人件費は右肩上がりで上昇を続ける。安価な労働力を強みに「世界の工場」と呼ばれた中国の変調。世界最大のEMS《イーエムエス》（電子機器の受託製造サービス）会社である台湾・鴻海（ホンハイ）精密工業も直撃している。

大型工場が集まる中国南部の深セン市（広東省）郊外にひときわ巨大な工場がある。米アップルから携帯電話や部品の製造を受託する鴻海の中国子会社、富士康科技集団（フォックスコン）本部だ。

12月初旬、同工場の南門にある従業員募集窓口は閑散としていた。並んでいたのは若い男女30人。警備員は「2～3年前は毎日300人以上いたのに」と首をひねる。

中国国内の従業員は130万人。深セン工場だけで30万人が働く。中国全土の農村から従業員を集め、安価で豊富な労働力で急成長した。同社の輸出総額は中国全体の約6％を占める。

「いつも人手不足だ」。鴻海幹部は打ち明ける。採用担当者は中国各地を行脚し、地方政府や専門学校で採用活動を連日続ける。2012年の基本給は2200元（約2

万9000円）と5年前の4倍近いが労働者は集まらない。トップの郭台銘《グオダイミン》氏が「100万台のロボットを導入して人間と置き換える」と語るほど深刻だ。

なぜ従業員が足りないのか。「農民工」と呼ばれる出稼ぎ労働者の数が不足しているのではない。11年の出稼ぎ総数は2億5300万人。08年より3000万人弱多い。変わったのは農民工の意識だ。

清華大学の調査によると、1960～70年代生まれの農民工の1社での平均勤続期間は4・2年間だった。だが80年代生まれは1・5年間、90年代生まれは0・9年間だ。鴻海の人事担当者は「若い農民工ほどきつい労働に我慢できない」と分析する。

（2012年12月8日　日本経済新聞）

この日経新聞の取材記事は、鴻海《ホンハイ》＝フォックスコンの工場が人手不足で困っていると書くが、この記事自体が偏《かたよ》った見方であることをよく伝えている。「若者がきつい工場労働に我慢できない」のは世界中のすべての国の現実だ。この日経の新聞記者が3日でいいから工場労働をやってみればいいのだ。何を言うか（書くか）のいつもの中国クサシ記事である。

中国の人件費は上昇が続く

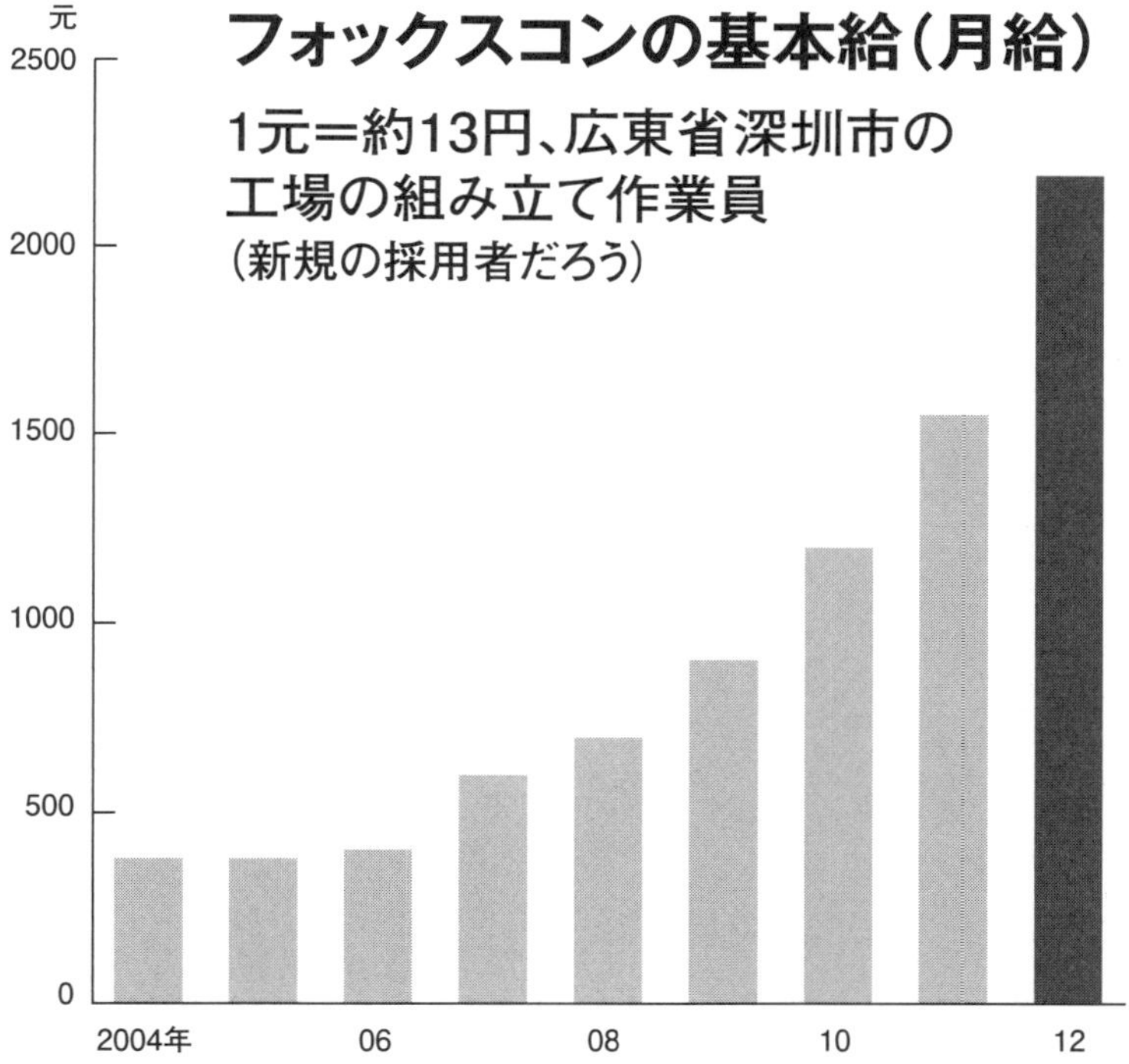

この棒グラフの勢いで賃金（月給）が上昇すると3年後の2015年には本当に、最低賃金でも7000元（10万円）になるだろう。上層サラリーマン層は、その3倍は必ずもらうから、月給2万元（28万円）で、日本を追い抜く。

だが、ここにアップル社の「iPhone《アイフォン》、iPad《アイパッド》」の90％を作っている鴻海精密工業の巨大さ（従業員130万人。中国の輸出額の6％）が書かれている。今の中国は、このように「所得倍増」（給料2倍。日本では1962年～64年の池田隼人内閣の時に打ち出された）が提唱され実行に移されている。健全な成長経済がある国では実現するのである。それにひきかえ20年間も衰退が続いている日本は明らかに衰退国家である。

今の中国の労働者たちの賃上げ要求の熱気はものすごい。「労働組合（の存在）が禁止されている社会主義国」で自然発生的に労働組合らしきものが出来てしまう。それで経営側（新興成金《なりきん》の事業成功者たち）との厳しい賃上げ交渉になる。あまりに待遇が悪いと従業員が一斉にやめる。それで現在は月給3000元（4万円）ぐらいであるのが、すぐに倍の6000元（8万円）になってしまう。ここで地方の共産党が間に入って労働者の賃上げ要求を抑え込んだり、あるいは自らが交渉代理人になったりしている。2012年で、上海のフォルクスワーゲン（上海一汽《いっき》）で、自動車組立ての熟練工（スキルド・ワーカー）で月給7000元から8000元と言われている。もっと田舎省の地方都市は、この半分だろうから、月給3000元（4万円）でもかなり恵まれたほうであり、高給取りと思われているだろう。しかし中国の労働事情も又不動産（住宅）価格と同じで、あっという間に激変する。中国の大都市の住宅価格は日本とまったく変わらない（いや、一部はもう日本よりもずっと高い）。高級なタワーレジデンス（大厦《ターシャ》）なら一戸1億円ぐらいはザラである。日本人がビックリ、なのではなくて、日本が衰退国家なのである。そのことに、アメリカによる洗脳が効いているから、なかなか気がつかないだけだ。

だから、中国の労働賃金（給料）はあと数年で全国平均でも７７０００元（10万円）になるだろう。そうすると年収では８万元（１２０万円）ということになる。

それを習近平たちは指導者だから中国で一番貧しい層の国民に合わせて「10年で2倍で4万元（60万円）にする」と穏やかに言ったのだろう。きっとこの金額「10年後には年収4万元」は、最下層の農民たちに合わせての数字だろう。

ただし、ここからが本当の中国人の賃金（年収）の話である。

それでは、中国共産党の幹部たちや、地方の共産党員の公務員たちの給料はどれぐらいか、という問題がある。大企業の熟練工《スキルド・ワーカー》が月給７０００元（10万円）だということは、公務員は、必ずそれよりも上だということだ。ここが共産党官僚支配国家である中国の特長である。公務員（ほとんどが共産党員）は必ず工場労働者よりは高給を取る、という仕組みがなんとなく社会体制としてできあがっている。だから工場労働者が7000元なら、公務員（ただし上級）は月給1万元（14万円）になるように仕組みができている。

どのような手続き（法規の改正？）でそのようなことが行われるのか、は分からない。「都市市民と役人（公務員）は高給に決まっている」という社会体制の必然としか言いようがない。中には「人民に奉仕する公人服務員」という珍しい人種が今も中国に生き残っているかもしれない。しかしそれは「清廉潔白《せいれんけっぱく》な士大夫《したいふ》（地方官僚の名士。文人）」という中国伝来のキレイごとであって、実際にはそういう〝高潔の士〟などいない。しかしこのキレイごとは、どこの国にでもあるもので、欧米日の先進国もキレイごとだらけの偽善《ぎぜん》社会だから、中国だけを見下《くだ》して腐《くさ》すのはやめたほうがいい。どこの国でも上級公務員（官僚層）がやたらと実権を握ってしまっている。本当の大金持ち層（富裕層）が肩身を狭くして増税でどんどん追いつめられている。

今や中国こそは〝開発独裁《かいはつどくさい》〟（正しい欧米の理論では、コーポラティズム Corporatism と言う）であり、〝国家（首導）資本主義〟（ステイト・キャピタリズム state capitalism）の国である。そして今では、何とアメリカもヨーロッパも日本もこの国家資本主義の官僚独裁の統制国家《コントロールド・ステイト》になりつつある点で、中国に見習い、中国の後《あと》から追いかけているのだ。こういう実におかしな感じになりつつある。

中国の新しい指導者たち

Ｐ76に「トップ7人（政治局常務委員《じょうむ》）。〝チャイナ・セブン〟」と、Ｐ89にその次の18人である「中央政治局員」の人名と簡単な経歴の表を掲げた。これをよく読んでほしい。

彼らが発表された2012年11月15日は日本では、その前日の11月14日に、日本では野田佳彦首相が突如クーデターのように、小沢一郎派と自分の民主党を自傷《じしょう》行為でボロ負けさせるために、解散、総選挙を公言した。この日、中国トップ7人の発表で、初めは「江沢民派《こうたくみん》（上海閥、太子党《たいしとう》）の大勝利。7人のうち6人も取った。共青団系《きょうせいだん》（胡錦濤派《こきんとう》）は李克強首相一人だけ」と、まるで自分たちの勝利であるかのように日本国内の反中国（中国大キライ人間たち）メディアは観点で報じた。

ところが、それから数日もしたら「いや、待てよ。どうも江沢民派の負けらしい。7人のうち5人は、全員5年後には65歳の停年組だ。その次の25人の中に多く共青団系が入っている」と新聞論調を変えた。

私はこの様子を見ていて私なりに鋭く気づいたことがある。まず11月4日から始まった第18回党大会に、何の正式の役職名もないのに、正面のどまん中に江沢民が、ヨロヨロと両わきを支えられながら出てきて座った。テレビ映像に映った。江沢民は「オレがまだ最高権力者だ」と中央に居座ったのである。そして10日後に、「トップ・セブン」はほとんどが江沢民派、太子党、石油閥だと報じられた。

ところが、たしか党大会のその数日後の映像で横にいた胡錦濤が、江沢民が席に座ろうとしたとき介添の手を差しのべた。その時、江沢民がその手を払いのけて、不愉快きわまりない怒りの表情で席についたのだ。この時、私は胡錦濤の勝ちだな、と分かった。我慢に我慢を続けた胡錦濤の勝ちだったのだ。

胡錦濤は、偉大だった鄧小平《とうしょうへい》の教えを肝に銘じて忠実に守り続けたのである。鄧小平（1978年に3度目の不死身の復活。1979年末に「改革開放」の大号令）の「我慢せよ、我慢せよ。私は（あの惨忍な）毛沢東の下で30年間我慢して生き抜いたぞ」という、中国指導者たちの血の出るような苦労を、胡錦濤がしっかりと身につけて体現していたのである。

そして胡錦濤が、この10年間を国家主席（大統領）としてやりとげた。とりわけこの5

第18期の中央の政治局委員

中国共産党の最高指導機関。現在、前ページの常務委員（トップの7人）の下に18人の政治局委員がいる。定年は68歳。

氏名	生年	学歴	職務
馬凱（ばがい）	1946	中国人民大学経済学修士	国務院秘書長
王滬寧（おうこねい）	1955	復旦大学法学修士	党中央政策研究室主任 復旦大学教授
劉延東（りゅうえんとう）	1945	吉林大学法学博士	国務委員（女性、共青団出身）
劉奇葆（りゅうきほう）	1953	吉林大学経済学修士	中央宣伝部長（共青団出身）
許其亮（きょきりょう）	1950	第五航空学校	中央軍事委員会副主席（空軍上将）
孫春蘭（そんしゅんらん）	1950	鞍山市工業技術学校	天津市党委員会書記（女性）
孫政才（そんせいさい）	1963	中国農業大学農学博士	重慶市党委員会書記
李建国（りけんこく）	1946	山東大学	全人代大会常務委員 全人代大会秘書長
李源潮（りげんちょう）	1950	北京大学経済工学修士	中央組織部長（共青団出身）
汪洋（おうよう）	1955	中国科学技術大学工学修士	前広東省党委書記（共青団出身）
張春賢（ちょうしゅんけん）	1953	ハルビン工業大学管理学修士	新疆ウイグル自治区党委書記
範長龍（はんちょうりゅう）	1947	人民解放軍軍事学院	中央軍事委員会副主席（陸軍上将）
孟建柱（もうけんちゅう）	1947	上海機械学院工学修士	中央政法委員会書記　公安部部長　総警監（警察最高位）
趙楽際（ちょうらくさい）	1957	北京大学	中央組織部長
胡春華（こしゅんか）	1963	北京大学	広東省党委書記（共青団出身）
栗戦書（りつせんしょ）	1950	ハルビン工業大学経営学修士	中央弁公庁主任（共青団出身）
郭金竜（かくきんりゅう）	1947	南京大学	北京市党委書記
韓正（かんせい）	1954	華東師範大学経済学修士	上海市党委書記（共青団出身）

年間で、敵の勢力の代表であるはずの習近平をしっかりと育てたのである。

胡錦濤は習近平（副首相）に何年もかけて、「いいか。中国は国内が団結することが何よりも大切なのだ。指導者たちの権力争いと分裂騒ぎがいちばんいけないことだ。人民にとって最大の災いだ。私たちが味わった文化大革命の地獄を常に思い出せ」と教え諭《さと》し続けただろう。そして、習近平を取り込んだのである。

私はこのように大きく大きく洞察した。そのかわり同じ共青団系である李克強に対しては、胡錦濤はかなりつらく当たって「我慢しろ。No.2でいいんだ。お前が一番の苦労を背負って首相をやるしかないんだ」と厳しく教育したようだ。だから2012年2月から9月ごろまで騒がれ続けた重慶市の「薄熙来事件」の打撃を、北京の指導部はアメリカに致命的な弱みを握られることなく済ませた。

薄熙来の失脚

薄熙来（P119でも書く）は、習近平と少年時代からずっと共産党幹部たちの宿舎地区で、遊び仲間（薄が3歳年上）として育ったという。薄熙来は、目立とうとして新左派《しんさは》

中国共産党の中央軍事委員会

国家ではなく党の最高軍事指導機関。2012年、胡錦濤が引退し、習近平が党総書記および党中央軍事委員会主席に選出された。略称は中軍委。

	名前	ポスト	生年	軍務
1	習近平（しゅうきんぺい）	主席	1953	----
2	範長龍（はんちょうりゅう）	副主席	1947	済南軍区司令員
3	許其亮（きょきりょう）	副主席	1950	空軍司令員
4	常万全（じょうまんぜん）	委員	1949	国防部長
5	房峰輝（ぼうほうき）	委員	1951	総参謀長
6	張陽（ちょうよう）	委員	1951	総政治部主任
7	趙克石（ちょうこくせき）	委員	1947	総後勤部長
8	張又侠（ちょうようきょう）	委員	1950	瀋陽軍区司令員
9	呉勝利（ごしょうり）	委員	1945	海軍司令員
10	馬曉天（まぎょうてん）	委員	1949	空軍司令員
11	魏鳳和（ぎふうわ）	委員	1954	第二砲兵司令員

ここに胡錦濤が大事に育てていた軍人の章沁生（しょうしんせい）がいない。上海閥の策略にひっかかって醜態をさらしたからだ。

運動＝毛沢東礼賛という愚かな手法に出た。民衆受けする汚職摘発を続けたが、共産党全体の中で嫌われ、自分が追い詰められていった。その途中でも習近平がきっと自分に味方して助けてくれると、最後まで思っていたようだ。

しかし習近平は冷静に冷酷に対応して薄熙来を見捨てた。薄熙来が唱えた「打黒《だこく》」と「和諧《わかい》社会（貧富の差の少ない、かつ共産党の腐敗のない社会）を目指そう」は、自分自身が汚れているくせにキレイごとだけを言う政治スローガンだった。だから習近平は同じ太子党のホープであり幼なじみの薄熙来（薄《はく》一波の息子。この父も主張に矛盾が大きかった）を切り捨てた。

薄熙来《ボーシーライ》派は、どうやら広東省の広州《こうしゅう》軍区と四川省の成都軍区で、アメリカ特殊部隊とイスラエルのモサドが密かにあと押ししたクーデター計画を実際に練っていたようだ。ここで劉亜洲《りゅうあしゅう》という「軍人太子党の新派（軍の政治局員。上将＝大将にはなった。だが役職名が消えている）という新左派の軍人イデオローグ（理論家）や張海陽《ちょうかいよう》（第2砲兵＝戦略ロケット部隊、核兵器も担当の政治委員）の3人で密かに権力奪取のクーデターを計画したようだ。二人の軍人は今回の人事で静かに失脚した。張海陽は「薄熙来と義兄弟《ぎきょうだい》」と言われていた。この二人の軍人が薄熙来と示し合わせて、アメリカ軍（ヒラリー派）の支

胡耀邦《こようほう》が真の民主派であり偉かったのだ。彼が次世代の人材を見つけ育てた

胡耀邦が総書記だった1984年ごろの写真だ。右横に立つのは若い頃の胡錦濤と温家宝。胡耀邦は1987年1月に学生デモを抑えきれず辞任、失脚した。今度の“18大”（18回党大会）は、胡耀邦の復権が隠れた主眼だった。胡耀邦の死去の日からやむにやまれず「6.4事件」（1989年の天安門広場での民主化運動）が始まったのだ。

援を受けて、中国南部でクーデター（武力蜂起）を企てていたようだ。

「民衆と共に軍が毛沢東主義を掲げて決起する」という計画が本当にあったようである。「民衆と軍が手を取り合う」という夜郎自大《やろうじだい》の自己矛盾を抱えた理論である。これを劉亜洲という軍人イデオローグが実行に移そうとした。日本にいる揚中美《ようちゅうび》氏という中国研究者の本『２０１３年、中国で軍事クーデターが起こる』（２０１０年、ビジネス社刊）が予言として書いていていた。私は重慶と成都に昨２０１２年10月に調査旅行に行って聞いてきた。「薄熙来派の党の幹部たち８００人が、２月事件の直後に逮捕拘束された」と現地で聞いた。その前の２００８年からの薄熙来（と王立軍）による腐敗摘発（打黒《だこく》）では、１３００人の重慶市の幹部が、逮捕取調べされ有罪となって失脚したと聞いた。

薄熙来の宿敵として育てられた共青団系の汪洋《おうよう》は今回、副首相になった。習近平に付き添って２０１２年12月中旬、広東省を巡って二人で軍を３回視察して、引き締めている。

中国民主化の旗頭としての胡耀邦

私が今回の中国のトップ人事で重要視するのは、胡耀邦《こようほう》の復権である。胡耀邦こそは今の共青団系を育てた本当の人物である。彼が胡錦濤も温家宝も見つけてきて、「この若者たちはみがけば玉《ぎょく》になる」として上に引き上げた。胡耀邦の息子の胡徳平《ことくへい》（１９４２年生。全政治協商《きょうしょう》委常任委員）が今も重要である。今回の人事で光ったのは「胡耀邦そして胡徳平によって育てられた若者たち」であった。

胡耀邦は、１９８１年に鄧小平（１９７７年に復活）によって次世代トップとして党主席（翌年から「総書記」と呼称が変わった）になった。鄧小平は、胡耀邦と張紫陽《ちょうしよう》に安定的に民主化されてゆく新しい中国の指導者として期待したのである。84年には胡耀邦が、青年幹部だった温家宝に目をつけて（胡徳平と鄧小平の息子の鄧樸方《とうぼうほう》が推薦した）中央の幹部（中央書記処《しょきしょ》）に入れた。

しかし、胡耀邦は腐敗した陋劣《ろうれつ》な旧守派の長老たちと争いになった。「八代《はちだい》長老」たちは形の上では毛沢東主義者である。１９８６年には下から突き上げてくる民主化要求の若者や都市知識人たちを胡耀邦は上手に抑制することが、できなくなった。１９８９年９月の天安門事件（中国では「６・４事件」）まで3年だ。１９８７年1月に、胡耀邦は最高の幹部会で「走資派《そうしは》」として糾弾され失脚した。この時、最も胡耀邦を厳しくつるし上げたのが、薄一波《はくいっぱ》であった。だからのちに胡耀邦の家族は李鵬《りほう》と薄一波だけは葬式に参列することを固辞した。そして痛めつけられたままの失脚状態で胡耀邦は死んだ。死んだその日（89年4月15日）から、北京の天安門前広場に、胡耀邦を追悼する学生や知識人たちがどんどん集まり始めた。そしてそれは、もう共産党も止めることのできないほどのものになった。それから2カ月後に、一斉に軍隊が出動して、あの6月4日の大弾圧事件が起きた。しかし本当の死者の数は、周辺の民衆がほとんどで100名以内だ。組織されていた民主化運動の参加者である学生・知識人で死んだ者は今も確認されていないはずである。多くの学生指導者は、奇妙な逃亡ルート（おそらくアメリカのCIAが手引した）で国外に脱出した。逃げないで昂然《こうぜん》と逮捕された人々がのちに中国の抵抗知識人たちになった。代表の劉暁《りゅうぎょう》波《は》は獄中のまま2010年にノーベル平和賞を受賞。魏京生《ぎきょうせい》、王丹《おうたん》らは現在、アメリカに亡命している。

あの時、学生たちを直接説得しに天安門広場まで行った趙紫陽総書記の横にピタリと寄り添っていたのが、党中央弁公庁《べんこうちょう》主任（内閣官房長官のような地位）になっていた温家宝（そのとき30歳）である。

趙紫陽もまた、このあと長老たちや李鵬（首相になった）や楊尚根《ようしょうこん》たち保守派たちから激しく批判されて失脚、幹部用の刑務所で死去（2005年）した。鄧小平も責任を取って中央軍事委主席を降りた。鄧小平は趙紫陽を刑務所から出すことができないまま自分も死去（１９９７年）。温家宝は、保守派から「党中央に秘かに報告し続けた」という理由と、「趙紫陽を見捨てて戒厳命令を支持した」という理由で、失脚をまぬがれた。

私はこの時の鄧小平たち中国の民主派（今も公然とは使ってはならないコトバだ）の慟《どう》哭《こく》がよく分かる。ハネあがり分子の過激派の活動を抑えつけるしかなった鄧小平たちの、その後の20年間の苦難がよく分かる。この時にヘラヘラ登場したのが江沢民だ。この男のような、かけ引き上手の、愚劣で腹黒い人間でなければ、政治指導者にはなれないようになっている。ここに現実政治《リアル・ポリティックス》なるものがある。現実政治の穢《きたな》さが分かる者たちだけが世界中の生《なま》の政治家である。それがマキアベリズムである。人類史上の各国のすべての優れた（そして殺されていった）政治人間たちのうめき声が聞こえる。だが、それでも政治は、人間（人類）という一人ひとりは著しく悲しみに満ちた動物の集合体が仕方なく作り出すものだから、あんまりキレイごとは言わないほうが、大人《おとな》の態度だ。中国共産主義の一党独裁の悪を鬼の首を取ったように何十年も言いふらして回る人間たちには、中国の指導者たちの中の優れた人物たちへの理解がまったくない。

受け継がれる民主派の命脈

天安門事件のあと、旧正月には胡錦濤と温家宝そして李克強が必ず毎年、さらには何と習近平までが、胡耀邦の家に集まって故人の業績を偲《しの》ぶそうだ。いい話である。日本人にもこの感じはよく伝わる。長男の徳平は失脚することなくしぶとく生きのびて今も「党統一戦線部副主席」を続けている。彼は2012年には、改革派の幹部たちを集めて堂々と勉強会をやっている。首相の温家宝よりも激しい民主化発言を今も繰り返している。

2011年7月に党中央で公開の言論対決があった。汪洋（広東省トップ）対　薄煕来（重慶トップ）の二人の、「重慶モデルと広東モデルのどっちが優れているか」の言論対決を上手に開催したのも胡徳平である。この場でなんと二人は、互いに相手をおおいに褒め合うという中国人的な茶番劇をわざと演じた。周りの観衆は、党のトップたちを含めて拍子抜けしてすっかりシラけてしまったと伝えられた。

このあと9月には、胡徳平は「文化大革命を全面否定した1981年の党決議」の30周年を祝う会を開催した。彼は「（あの毛沢東が行った）文革を否定し批判し続ける態度を堅持することが重要だ」と公言した。

２０１２年、３月14日の全人代の最終日に（薄熙来事件はすでに発覚していた）温家宝首相が３時間にわたって国民に向かって国営テレビ（中央電視台）でワーワーと思いの丈をぶつけるように演説した。「みんなはあの文革の時代（人民は皆、平等。そして飢えていた）に戻りたいのか」と温家宝は本気で国民にまくしたてた。このあと冷ややかな温への批判派と外国メディアは、「温家宝は『ただ鳴きわめくだけの白鳥《スワン》』で力（実力）はない。党内で孤立している」という評論をした。そして「胡錦濤との関係も冷えきっている。（２０１１年不況のせいで）首相である温家宝の失脚が近い」などと悪口を書いた。

しかし真実は、胡錦濤はしっかりと温家宝と精神でつながっており、かつその直弟子《じき》の李克強たちとも強く団結していた。そして胡錦濤はこの10年をかけて（２００４年から中央軍事委主席）主要な若い指導者たちすべてを順番に粘り強く説得して教育して回っている。軍人のトップたちに対しても同じである。だから「胡錦濤たちには軍歴がないので、軍を抑えきれない」といういはずれまくりの中国分析を続けた、この中国クサシ人間の中国分析家《チャイナ・ウォッチャー》たちは、己れのあまりもの評価眼力知性のなさにそろそろ静かに恥入るべきだ。

胡耀邦の葬儀で棺《ひつぎ》をかついだ中にちゃんと温家宝はいたのだ。

江沢民派の個人蓄財の腐敗（金《かね》と女《おんな》に極度に穢《きたな》い）も、これはこれで中国の急激な発展のために必要だ。中国は1992年から2011年の20年間にずっと10％台のGDPの成長を続けた。2012年はようやく7・5％に落ちた。人間は金もうけをするためには、それなりに個人欲望を丸出しにして、醜くズル賢く、ワル賢い人間（人を平気で安くてコキ使うとか。だし抜くとか）にならなければいけない。そうでないと経営者や資産家にはなれない。私は、あまりにキレイごとの善人、清潔・潔癖主義を言う人間もまたキライである。ある程度は金銭欲と性欲の自由と権力欲を社会が個人差として認めるべきだ。

格差《かくさ》社会（貧富の差）をなくそう、と思わせぶりに言う者は、官僚社会主義者たちの回し者である。「格差社会の是正」とは、税金取り官僚たちが、富裕層（金持ち）に襲いかかって個人資産を奪い取ろうとする策略である。「格差社会の是正」を言う者は、「地獄のような平等社会（毛沢東の時代）」を餓死寸前で生き延びた中国（人）に対して失礼である。貧富の差はあって当り前だ。なくすことはできない。なくしたら本当に「収容所列島」になってしまう。

中国に日本をぶつける勢力たち

私は、次の記事を読んで笑い転げた。それは私が重慶、成都の調査から帰ってすぐのことだ。前首相の李克強は、昨年10月23日にこのゴロツキ人間たち3人と面会した。「日本を中国にぶつける係」であるリチャード・アーミテージ（米国務副長官まではなった男。米軍の裏資金を麻薬ビジネスで作ってきた男）とジョゼフ・ナイ（ハーバード大学教授）とカート・キャンベル（米国務次官補《アシスタント・ステイトセクレタリー》）の3人である。

李克強は彼らに目つきではっきりと言ったようだ。「あなたたちアメリカ人旧高官が、中国と日本の領土紛争（釣魚島《ちょうぎょとう》。ユーディアオダオ）を仲介しに来たなどと、盗人たけだけしいことはやめなさい。あなたたちが日本で画策している張本人ではないか。しかもあなたたち、旧高官では役不足でとてもではないが相手（対手《ついしゅ》）にならない。お帰りください」と。

李克強との会談はたったの15分で追い返された。ナイと、アーミテージと、カート・キャンベル（米国務次官補東アジア担当）は赤っ恥で日本に戻ってきた。そして何食わぬ顔をして彼らの出撃基地（根城《ねじろ》）の日本に戻ってきて27日は、予定どおり早稲田大学で学生相手の公開のシンポジウムに出た。彼らこそは日中の火付け、強盗、扇動、人殺しの張本人たちだ。

■中国政府、アーミテージ氏による日中紛争調停を「拒絶」＝中国報道

中国メディア・鳳凰網《ほうおうもう》は、10月23日、同日から訪中するアーミテージ元米国務副長官一行について、中国政府外交部の洪磊《こうらい》報道官が「（あなたたちには）日中領土問題を語る権限はない」とけん制するコメントを発表したことを伝えた。

記事は、アーミテージ氏一行が（前日である）22日に日本で野田佳彦首相と玄葉光一郎外相と会談、尖閣諸島問題について、日本側に対し冷静な対応を求めるよう要求したと伝えた。

そのうえで、洪《こう》報道官は22日の記者会見において「アーミテージ氏一行は中米関係や中米共通の関心事について（中国側と）意見を交換することになるだろう」と語った。その一方で、一行に対しては「いわゆる『調停』や『斡旋』を行う職務は（この者たちには）存在しない」と発言したと報じた。洪報道官の発言について（鳳凰網の）

対中国ワルの米高官4人組

リチャード・アーミテージ

カート・キャンベル

ジョセフ・ナイ

マイケル・グリーン

写真提供：共同通信

　このワルたちが、今の東アジア（極東）で、日本を操《あやつ》り、日本、フィリピン、ベトナムを中国に軍事的にぶつけようと画策している者たちである。暴力団そのものの顔だ。

記事は、「中国は米国元高官による日中紛争調停を拒絶した」と伝えた。

（２０１２年10月23日　サーチチャイナ）

これが真実だ。このように中国国内では真実が報道された。しかし日本国内にはこのようには報道されない。日本のメディアは〝偏向《へんこう》報道の王様〟だから、アメリカからの恒常的な圧力がかかることもあって、ウソばっかりの報道をする。日本国内での報道は例によって次のように気が抜けたビールのようなものになる。何を言っているのかさっぱり分からん、の典型である。白《しら》けてしまう。

■アーミテージ、ナイ両氏が白熱討論　早大で

日本経済新聞社と早稲田大学ビジネススクールは、27日、「米の新アジア戦略〜アーミテージ&ナイ白熱討論」を大隈記念講堂（東京・新宿）で開いた。学生らはリチャード・アーミテージ元米国務副長官、ジョセフ・ナイ米ハーバード大教授と日米関係などを巡って活発に意見交換した。

会場には学生ら計８００人が来場。「核の抑止力の有効性に疑問がある」との学生

の問いにナイ氏は「核なき世界は長期的に目指すべきで、急げば戦争の危険を高めかねない」。アーミテージ氏は「米国は核弾頭削減に中国も関与させようとしている。一方的に減らすことはない」と答えた。

（２０１２年10月27日　日本経済新聞）

日本国民にとっての真の大悪党は、このナイとアーミテージだ。この男は本当に歯並びがキタナイ。外見も見るからに下品で暴力団員そのものだ。短身のくせに異常に肩幅が広く、筋肉を鍛え上げた、元米海軍特殊部隊中佐あがりのハゲ頭＝タコ入道の男である。私はこの大きな事実を自分の本に何百回でも続き続けて日本国民に知らせ続ける。この３人の男ともう一人、悪質なマイケル・グリーンという知日派日本研究家（笑）で元ホワイトハウス東アジア担当上級部長がいる。この４人組がいつもいつも出てきては、安倍晋三たちを操《あやつ》って日本を煽動して使嗾《しそう》（けしかけ）して、日本を中国と軍事衝突《コンフンテイション》をさせようとしている。中国から見たら、丸見えに見えている。

「私たちが紛争を調停しましょう」と間に割って入るという、こういうズーズーしいことをナイとアーミテージは恥も外聞もなくする。アメリカ帝国の内部でも、最大級の品性下劣のハレンチ人間たちだ。大きくはヒラリー・クリントンの子分たちである。

中国と日本は戦争させられるのか？

このあともアーミテージとカート・キャンベルが登場して12月になっても盛んに安倍政権に指図《さしず》（命令）を与えた。

■アーミテージ氏〝米の国益に合致〟

アメリカのアーミテージ元国務副長官は、来週、新政権を発足させる自民党の安倍総裁が、日米同盟の強化や集団的自衛権の行使を目指していることについて、「アメリカの国益に合致する」として歓迎したうえで、中国や韓国との間で関係を悪化させないよう慎重に対応すべきだという考えを示した。

ブッシュ前政権のもと、対アジア政策に深く関わったアーミテージ元国務副長官は、NHKのインタビューに応じ、衆議院選挙で圧勝した自民党の安倍総裁に祝意を示したうえで、安倍氏が外交上の優先課題として日米同盟の強化を掲げ、総理大臣就任後の最初の外国訪問をアメリカとする方針を示していることを歓迎した。

（2012年12月20日　NHK　傍点引用者）

この謀略人間たちは中国から正体を見抜かれて「拒絶」され日本に追い返された。それでも暗躍をやめない。ところが、**このあと事態がガラリと変わった**。彼らの親分であるヒラリー・クリントン国務長官が突然、病気で倒れた。12月16日のことである（日本は総選挙の日）。後述するが、ヒラリーは脳血栓《のうけっせん》であり、もうこれでこの凶悪なワル女の政治生命は終わった。〝ヒラリーの終わり〟である。ヒラリーがこれ以上、東アジアにおいても対中国の強硬路線を継続することはできない。アメリカの対中国包囲網（中国封じ込め。コンテイニング・チャイナ・ポリシー）は、大きく後退する。アーミテージやジョゼフ・ナイたちは、親分の「ヒラリーが倒れた」と知って、それでワシントン政界の空気が大きく変化したことを当然察知した。それで「ヒラリーが倒れた」4日後には、もうこのようにアーミテージの態度が一変した。「日本は中国とケンカするな」と。

■前掲の記事の続き

一方、日本と中国や韓国との関係については、歴史認識や領有権の問題を巡って緊張が高まることを憂慮しており、「当面は『静かな外交』に徹するべきだ」と強調した。特に沖縄県の尖閣諸島を巡る中国との対立について、アーミテージ氏は、偶発的な事故や誤解が、衝突に発展するおそれがあると指摘しました。

そして、事態の鎮静化を促すために、ことし10月、クリントン国務長官の要請で日中両国を訪れた際、中国政府の指導部から「もし日本が尖閣諸島に建造物を設けたり、人（引用者註記。公務員である警察官のこと）を常駐させたりすることがあれば、激しい対応をする」と伝えられたことを明らかにし、慎重な対応をすべきだという考えを示しました。

（２０１２年12月20日　ＮＨＫ）

どうもこの前日の12月19日にアーミテージは安倍晋三に直接、「中国とぶつかるな。撃《う》ち方やめ、だ」と言ったようだ。

これで日中の軍事衝突（コンフリクション）の危機と危険性がひとまず遠のいた。この２０１２年末に起きた変激なアメリカ政界の動きに、私たちは鋭く気づかなければならない。

ヒラリーが脳血栓で倒れて「ヒラリーの終わり」については本書P216でさらに説明する。従って、彼女が次の米大統領になることはなくなった。ここにアメリカ政治の大きな変化が生まれた。

オバマの2期目の政権は、国務長官にジョン・ケリー、国防長官はチャック・ヘーゲル（上院議員。国防委員会委員長）、財務長官はジェイコブ・ルーというユダヤ教正統派《オーソドックス》の堅物がなった。これでヒラリー時代の強硬（凶悪）路線から穏健路線に変わった。チャック（リチャード）・ヘーゲルは、イスラエル政府や米国内ユダヤ人財界人勢力の言いなりにならない温厚、中庸な人物だとされる。「イスラエル・ロビー」と言えばよかったのに、「ユダヤ・ロビー」というコトバを使ってしまった。ヘーゲルはこれから米政界で攻撃されるだろう。アメリカはそれでも当然必要な軍事行動は取る。〝ヒラリーの終わり〟の真実の理由については本書P222に書いた。

第3章

中国の底力

尖閣問題で揺れる中国へ私は向かった

2012年9月15、16日の、中国での尖閣諸島の領有をめぐる反日デモのあと、私は急いで中国を視察、調査をすべきだと考えた。自分の目と体で現地を見て、実感でわからなければいけない、と考えた。それで10月中旬から中国に調査に行った。

まずこのことを書く。「日本人が中国に行くと道路で殴られる」とか、「レストランで殴られた」という話はすべてウソだ。日本のテレビ、新聞、週刊誌（最近は『週刊現代』講談社がヒドい）の反日中国キャンペーンが続いている。真実を伝えていない。誰がどこで殴られたのか、その原因は何かを事実調査していない。直《じか》に中国に行って本当に自分の目で見るべきなのだ。中国に反日感情が湧き起こっている、というウソの情報を日本人は本当だと思い込んでいる。

「中国に行って大丈夫ですか」と驚いた顔をして言う。ばかを言うな。

中国には反日感情など何もない。当たり前のように中国人は暮らしていた。日本のテレビ、新聞はすべてアメリカに握られているから、中国では尖閣諸島の問題で民衆がいきり

上海総領事館の正面

この上海総領事館から歩いて10分間のところに、上海の日本人学校（小・中学校）がある。生徒数が3000人もいる。虹橋《ホンキュウ》という地区である。日本からの派遣社員たちの家族数万人がまとまって安全に暮らしている。それなのに、日本政府は東京の池袋が中国人タウンになることを嫌がり隠微《いんび》に妨害している。　（2012年10月15日撮影）

立っているように報じる。

もっとはっきり書こう。中国では普通の人間たちでもこのように言う。「日本人はかわいそうだ。アメリカにいいように操られている。日本を中国にけしかけているのは背後にいるアメリカだ」と。中国国民は真実を知っている。知らないのは、あるいは、意地でも知りたがらないのは日本人のほうだ。

今の日本のテレビ、大新聞は、全部、日本国民を洗脳するための道具だ。NHKでさえもそうだ。テレビの中国報道の番組を見た程度で「私はいろいろ知っている」などと思うべきでない。それよりは直《じか》に自分で中国に行って自分の目で現実を見るべきだ。

いずれ不動産価格も再上昇する

私は5年ぶりに行った大都市・上海の繁栄が今も続いていたのを知って軽く驚いた。上海は巨大な都市だ。上海の外灘《ワイタン》（バンド。BUND　ドイツ語で河岸の意味）は、もともとは大きな河の土手だった。かつては外洋船の船着き場だったこの地区にある一番華やかな建物群が、夜はきれいにライトアップされている。

今の上海の中心部の様子

上海の中心部の空気と水はキレイになっていた。きっと自動車の排ガス規制が効いてきたのだ。水の排水・下水処理の都市計画がうまく行っている。これに比べて北京の水不足と空気の悪さが問題になっている。首都機能（政治都市）を、河南《かなん》省の洛陽《らくよう》の近くに移す計画がある。（2012年10月16日撮影）

30階建てぐらいの中高層アパートや商業ビルがおそらく上海直轄市だけで6000本はある。50階建て以上は600個ぐらいだろう。どこまでも果てしなく高層鉄筋アパートが建っている。上海市の人口は3000万人ぐらいだ。

上海直轄市だけで日本の関東平野（東京、千葉、神奈川、埼玉の4県）と同じくらいの広さがある。

日本で中国の悪口を意図的に言う人たちは、「中国は8000万戸の住宅が余っていて人が住んでいない。『鬼城《きじょう》』になっている。住宅バブルが再び破裂したら中国はおしまいだ」と今も言い続けている。だが8000万戸の住宅在庫など恐れるに足りない。建てるだけ建てて住宅ストックとして保有する、というのも、ケインズ経済学の「有効需要《ゆうこうじゅよう》の創造」としても意味がある。これらの空き室にもやがてすべて人が住むだろう。

それどころか、もう1回、中国で住宅バブルが起きたら、その時は中国が資金量（国富《こくふ》の計算）でアメリカを上回ることになる。今はアメリカのGDPは、15・8兆ドル（1400兆円。2011年、IMF＝世界銀行の公表数字）であり、中国は8兆ドル（もしかしたらもう9兆ドル）だ。あと3年でアメリカに追いついて、そして追い越すだろう。ちなみに日本のGDP（2012年、概算）は5・8兆ドルである。左P117の表を参照。

2012年世界各国のGDP比較

国名		GDP	世界比率	
アメリカ合衆国		15.1 兆ドル		21.5%
EU	ドイツ	3.6 兆ドル	5.2%	25.1%
	フランス	2.8 兆ドル	4.0%	
	イギリス	2.4 兆ドル	3.5%	
	イタリア	2.2 兆ドル	3.1%	
	その他	***********	*******	
中国		7.3 兆ドル		10.4%
日本		5.8 兆ドル		8.4%
ブラジル		2.5 兆ドル		3.6%
ロシア		1.9 兆ドル		2.6%
インド		1.8 兆ドル		2.6%
カナダ		1.7 兆ドル		2.5%
オーストラリア		1.5 兆ドル		2.1%
韓国		1.1 兆ドル		1.6%
その他の国々		***********		***********
世界合計		70.0 兆ドル		100%

出所：2012年10月のOECD発表資料とIMF、およびアメリカ国務省の資料を参考にして副島隆彦が推計して作成した。

中国のGDPは本当はもうすでに9兆ドルはある。日本のGDPは停滞（マイナス成長）でずっと4.8兆ドルだったのに、いつの間にか5.8兆ドルに跳ね上がっている。

今から5年前のサブプライム・ローン崩れ（2007年8月17日）と、その翌年のリーマン・ショック（2008年9月15日）の頃、中国の新興金持ち層が投資用に買い漁った住宅物件が、確かに中国全土で放置されている。現段階では投資に失敗していると言えば、失敗している。私もたくさん見た。それではそれらの住宅が値下がりしているか、と言うとそうではない。高どまりしたままじっと動かない、という感じだ。中国はこのままでは終わらない。

中国の不動産が再び値上がりする可能性はあるか？

ある。最新情報を言うと、そろそろ、中国政府（次の首相は李克強《りこくきょう》）が、住宅ローンの融資規制を緩めるだろうという話を上海で聞いた。P44で前述したが2011年が中国住宅バブルがはじけた年だ。今は金持ち層は皆じっとそれらの物件を保有したままだ。放り投げる（投げ売りする）気配はまったくない。すなわち中国の住宅の大暴落はない。最悪でもピーク時（2010年）の半値だ。

薄熙来事件の真相

上海の繁栄はピークを打ったかなと思う。中心部はもう開発の余地がないように見えた。周辺部に見渡す限り、限りなく30階建てぐらいの高層アパートが建っている。あとは中心部の老朽ビルをどんどん立て替える都市再開発《アーバン・リデベロップメント》の事業になる。先進地区である沿海部の北京と上海と広東省・香港の経済発展はピークを打っただろうが、内陸部の開発はこれからものすごい。私は今回は、重慶《チョンチン》と成都《チョンツー》（四川省の中心）を調査した。

重慶、成都は、薄熙来事件が去年の2月に起きたところだ。とにかく現地に行って見なければと思って行った。上海から真西に1500キロくらいの内陸部に、〝西部大開発《シーブーダイカイファ》〟の拠点である重慶がある。上海からずーっと1700キロ揚子江（長江《ちょうこう》）を遡《さかのぼ》ったところにある。途中に「武漢三鎮《ぶかんさんちん》」の武漢《ウーハン》がある。そこをさらに三峡ダムまで遡《さかのぼ》り、そこからさらに遡る。その重慶から長江を300キロ遡ったら成都（四川省の都）に着く。四川省《スーチュアンシォン》の南はもう雲南《ユンナン》省だ。

昨年2月に起こった薄熙来《ボーシーライ》事件では、王立軍《おうりつぐん》という人が、重慶から300キロ西の成都のアメリカ総領事館《ジェネラル・コンスレット》に逃げ込んだ。薄熙来の右腕だった人だ。共産党が直轄する大都市なのに重慶には「黒《くろ》社会」（中国の暴力団）のやくざ者たちの恐ろしい暗躍があった。住民たちに嫌われて恐れられていた。それを「打黒《だこく》」と言ってきれいに大掃除したのがこの王立軍だ。その前に大連市長をしていた薄熙来が、王立軍を大連から２００８年に連れてきた。王立軍は品行方正な立派な人物で、重慶の黒社会を徹底的に取り締まった。その追跡は何千人もの共産党の地方幹部たちの腐敗の摘発であった。

ところが王立軍はやり過ぎた。何と自分の上司（雇主）である薄熙来の、夫人の谷開来《クーカイライ》の裏側の悪事まで調べ上げて、薄熙来に報告してしまった。そこからが事件の始まりだった。イギリス情報部員（ＭＩ６《エムアイシックス》）でもある実業家のニール・ヘイウッドという男を、薄熙来の奥さんと子分たちがきっと〝仲間割れの口封じ〟で殺していた。その殺人事件が露見して薄熙来事件になった。しかしその裏側の真実は、Ｐ92で書いた軍の一部のクーデター計画である。

6カ月後には薄熙来夫人に死刑（しかし終身禁固）の判決が出た（２０１２年8月20日）。事件が発覚した後の、何と4月まで、薄熙来は次の国務院総理（首相）になると言われ続けた。アメリカのＣＩＡや日本の警視庁外事課《がいじか》（評論家を名乗る中国研究家の富坂聰《とみさかさとし》氏もここだろう）でも、そのように誤って分析し続けていた。きっと〝ひいきの引きたおし〟の事情がここには隠れている。ここにはもっと奥の深い「アメリカやイスラエルに操《あやつ》られた中国でのクーデター計画」があった。

薄熙来事件の裏側には軍事クーデター計画があっただろう

四川省の成都のアメリカ総領事館の正面。ここに女装した王立軍が重慶から自分の車で逃げ込んだ（2012年6月6日）。中国では外国の公館は“武《ぶ》警《けい》”（人民武装警察）が警護する。
最初にここを取り囲んだ中国の公安警察は、喬《きょう》石《せき》の系列だと言われた。喬石（元副首相）は江沢民派に追われた改革派である。（2012年10月19日撮影）

私の中国研究本の3冊目である『中国バブル経済はアメリカに勝つ』（ビジネス社、2011年1月刊）で、私は3年前に、つい最近まで広東省のトップ（党委書記《とういしょき》）であった汪洋《おうよう》について「この人物の限界」を予測して書いた。汪洋という人は胡錦濤、温家宝の北京派（共青団派《きょうせいだん》）の一番のエリートで、広東省の党委書記のあとは、現在は2013年から中央政治局員（25人）になって副首相になった。「中国トップ7人」には入れなかったがその次にいる。元上海市長で、台湾との「海峡交流《こうりゅう》委員会」主席の汪道涵《おうどうかん》の一族だろう。

汪洋は、薄熙来《ボーシーライ》の前の重慶の党委書記だった。この時の汪洋の直接の部下だった地方幹部たちがあまりにも腐敗して汚れていたので、2007年11月から薄熙来が抜擢されてやって来て大掃除をした。

そして2009年に文強《ぶんきょう》という重慶市法政《せいほう》局長（裁判官や検察官より上の元締め）を裁判にかけて死刑にしてしまった。これを薄熙来と王立軍がやった。この他に3000人もの重慶の共産党の幹部たちを摘発して懲役10年、20年の刑に処した（重慶市の人口は3500万人）。ここまで厳しく薄熙来がやったので民衆は本当に喜んだ。現地の調査でもそのように聞いた。しかし、ここまですさまじい粛清《しゅくせい》（リクイディション）をやると、中国全部の共産党員（8200万人）が震え上がってしまう。「自分も粛清されてしまうのか」と考えた。薄熙来はやり過ぎた、と2009年の「文強《ぶんきょう》処刑」の報道記事を見て私は判断した。だから汪洋と相撃ちになる形で薄熙来はそのうち失脚させられるだろう、と分析して書いたら、まさしくそのとおりになった。そして私は「中国ではクーデターは起きない。うまく治める」と書いた。そのとおりになった。

薄熙来は自分自身も裏はやっぱり穢《きたな》くて、決して清潔ではなかった。それなのに毛沢東主義の復活を唱えてかつての平等社会に戻ろう、と唱導した。とんでもない二枚舌の偽善者である。「夫人が400億元（5000億円）を世界中に逃して隠している」という証拠を、北京の中央規律検査委員会（主席李源潮《りげんちょう》・中央政治局員になった）が摑んだ。

薄熙来は王立軍《おうりつぐん》と言い争いをして平手打ちをくらわした。王立軍はこのすぐあと2月2日に解任されたので、自分の身の危険を感じてその4日後に、女装して300キロ先の成都のアメリカ総領事館に逃げ込んだ(2月6日)。そこを取り囲んだ中国公安部(政治警察)とアメリカ側が交渉して「王立軍を死刑にしない」という条件で、北京政府に引き渡され北京で幽閉されている。アメリカとしては王立軍に全部しゃべらせたことで中国共産党の内紛（権力闘争）と最高幹部たちの弱点を握ったと思っている。しかしこの事件の根っ子は自分たちアメリカにある。

四川省の開発の拠点、成都

まず重慶の歴史を簡単に書く。日本軍が1937年（昭和12年）に正式に中国侵略を始めた。北京（7月7日、盧溝橋事件。日華事変）だけでなく1カ月後に上海にも上陸した（8月、第二次上海上陸作戦）。そしてその4カ月後に日本軍は上海から300キロ先の南京まで進撃して「南京大虐殺事件」（中国兵捕虜最低4万人を殺害した）を引き起こした。蔣介石《しょうかいせき》は南京《ナンジン》を棄てて揚子江を上向してこの重慶を首都にした。そのときから重慶という都市は重要だ。中華民国の首都だったのだから。アメリカと秘かにつながっていた米内《よない》光正《みつまさ》海軍大臣（本当の戦争犯罪人）が、「重慶への無差別爆撃」を行った。これが米軍によるのちの日本全土への無差別爆撃（大空襲）の口実となった。

今の重慶には40階建てぐらいの高層ビルが1000本以上建っていた。重慶は二つの大河（揚子江と嘉陵江《かりょうこう》）の中洲に作られた都市で、夏は蒸し風呂状態になる。「夏には行く

四川省から大きくチベットが見えた

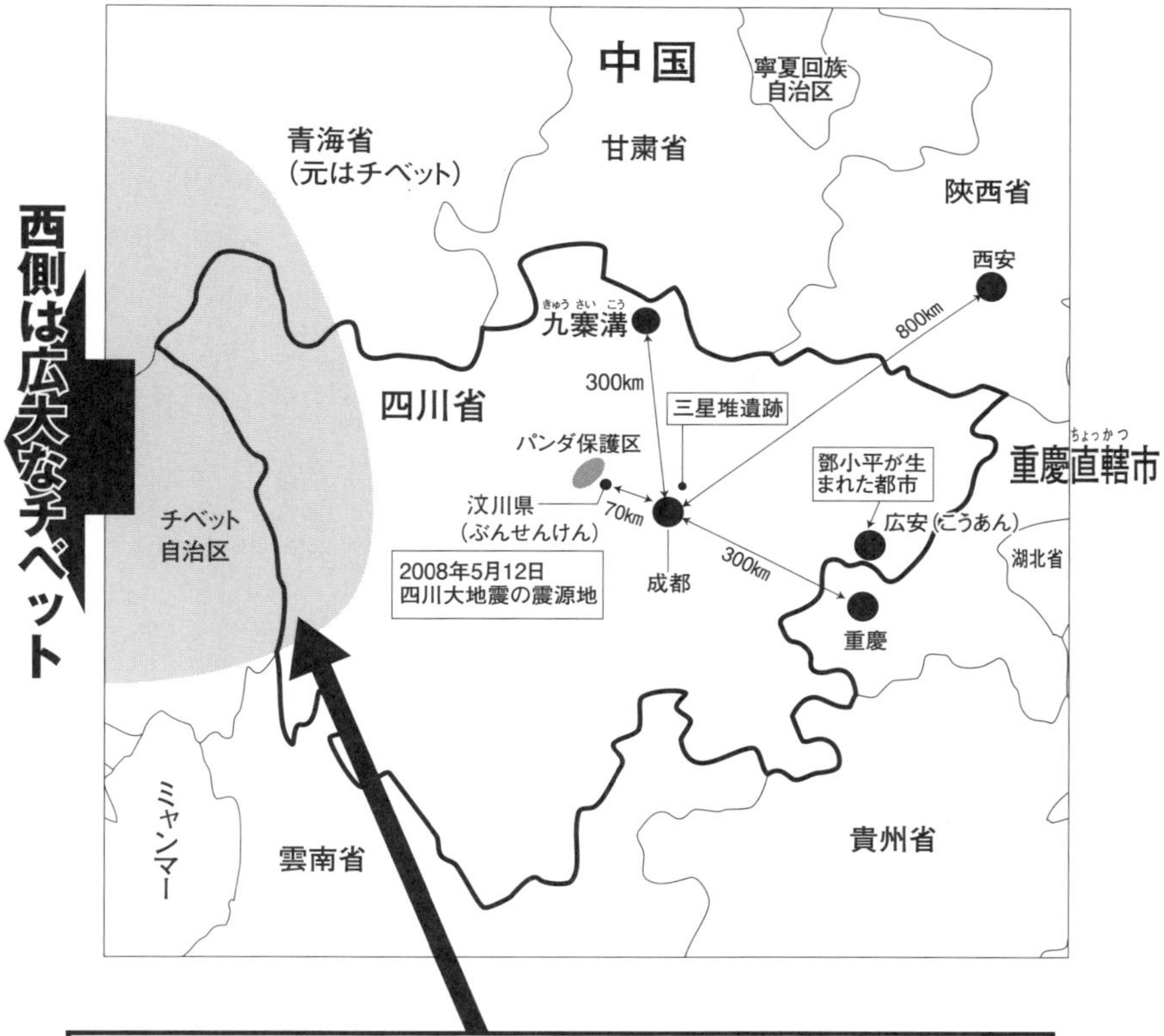

チベット自治区にまで入り込んだこの一帯の広大な山岳地帯であらゆる種類の鉱物資源を採掘している。これが"西部大開発《シーブーダーカイファ》"の本当の秘密だ。

な」と言われていたとおりだ。河岸段丘の上にビルがおびただしく林立している感じは香港と似ている。

それに対して成都は、だだっ広い大平原の上にあった。古くからの都で8世紀に詩人の杜甫（712～770年）が安禄山の乱から逃れてやって来て、5、6年間住んで漢詩をいっぱい詠んでいる。

現在の成都の中心地はすべてきれいな高層ビル都市になっていた。旧城（旧市街）はおそらくこの10年間ですべて撤去されて高層ビル群になった。東京の地下鉄「大江戸線」みたいな最新式のものがスーッとまったく揺れないで走っていた。

成都から南に25分ぐらい地下鉄で行ったところに国際会議場がいくつかあって、この周りに建っている30階建てぐらいの郊外型の高層アパート群を見た。人が住んでいるのは2割ぐらいだ。8割方はスケルトン状態。つまり、やはりこの地方都市でも住宅バブルがはじけている。

バブルがはじけたのは一昨年の2011年だ。だからその前年の2010年には、不動産投資の熱狂《ユーフォリア》と買い漁りがすごかっただろう。一室が100万元（1元＝14円として

成都の南30分で売り出し中の高層アパート

この下はすぐに地下鉄。あたりは大きな会議場の建物で、新ビジネスセンターになる。成都は広大な平原のどまん中で気候が温暖。

1400万円）ぐらいだ。床面積100平米（30坪）ぐらいの広さのものが、さらに郊外に向かって見渡す限り林立している。これが倍の200万元（2800万円）に値上がりするのを購入者のすべてが待ち望んでいるのだろう。そしておそらく数年内にそうなる。なぜなら北京、上海に比べたら3分の1くらいの値段だからだ。

大理石で敷きつめた立派な作りのものが280万元（4000万円）ぐらいで売り出されている。外国人にも現金だったらすぐに売るそうだ。私も買いたいな、と思ったぐらいだ。香港の建設会社が建てていたから大丈夫だろう。

地方都市の不動産は今後も上昇する

■中国の李克強副首相、不動産購入規制は維持すべき（新華社）

中国の李克強副首相は7月1日、国内の不動産購入規制を維持すべきとの考えを明らかにし、規制緩和に対して否定的な見方を示した。中国の国営新華社が1日伝えた。

新華社によると、同副首相は最近の会合で、投機目的や投資目的の不動産購入は制限されるべきと述べた。中国政府は過去2年間、不動産購入ができない国民の懸念に

配慮し、価格の抑制を目的とした政策を実施している。（2012年7月2日　ロイター）

このように2012年中は、中国政府は金融緩和、すなわち住宅ローンの融資を緩《ゆる》めることをしない方針だった。2戸目、3戸目の住宅ローンを認めない。

■改革のボーナスで内需の潜在力を＝李克強副首相

中国の李克強副首相は12月19日、北京で経済社会発展・改革について検討するシンポジウムを主宰し、「発展は質と効率の向上に重きを置き、改革のボーナスで内需の潜在力を掘り起こさなければならない」と強調した。

李副首相はまた、「来年は経済発展の質と効果の向上に努めることを明言し、具体的な取り組みとして、地道に成長を押し進めていくこと、雇用を拡大すること、所得を経済成長とともに増加させること」などを示した。

さらに、「中国は大国として、内需に立脚点を置かなくてはならない。都市化プロセスが最大の内需で、その潜在力を生かす必要がある。同時に改革も必要だ」と述べた。（2012年12月21日　新華社）

ここで李克強がこれからは貿易（外需）ではなく「内需《ないじゅ》に立脚点を置く」と宣言したことが重要である。それと「所得倍増を都市化の経済成長」によって実現する、と言っている。すなわち不動産（住宅）価格をどこかの時点で上昇放置することを示唆している。

このように中国全土で経済発展（高度成長経済）は続いており、地方都市での住宅需要（ビルの建設ラッシュ）が続いている。李克強が「質の向上」を言っているのは、「住宅の質」もよくしろ、ということだ。これまでのような安っぽい、粗悪なものではないしっかりしたビルを建てろ、ということだ。それと都市計画とインフラの整備を向上させなければならない。私が中国に対して一番心配するのは、配水管と下水の処理施設が先進国並みにしっかり作られるか、である。見かけと外観の繁栄に騙されて、無闇に中国賛美（礼賛）を私が行うと、そのことで私の読者まで騙すことになる。厳しく観察しなければいけない。

李克強の口ぶりでは、今年2013年中にも、住宅ローンの貸出し規制を緩めて、金融緩和に転じて、再び住宅バブル（個人資産の増大）を計画的に起こそうとしているようにも取れる。

しかし、それをやると、今度は公共用地や道路などの確保（住民の立ち退き料のハネ上

中国の不動産（住宅）価格の変化

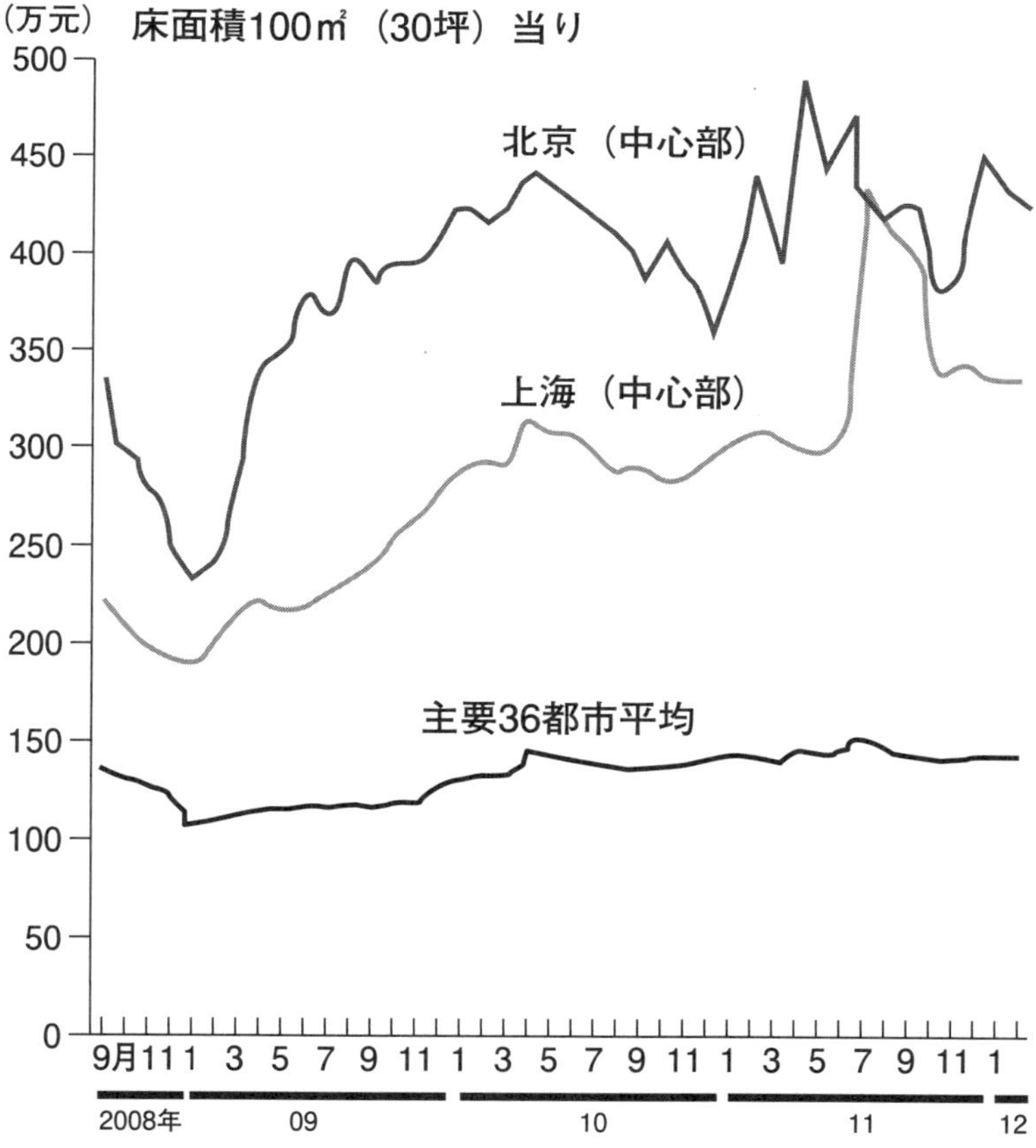

出典：中国国家発展改革委員会

グラフのとおり、北京、上海と他の地方都では、住宅価格は3倍の違いがある。これから中国で伸びるのは地方と内陸部である。

がりにつながる）が難しくなる。だから不動産融資の引き締め政策はこのまま続けるだろう。それよりも4年間下落したままの株価の方を、先に引き上げる政策を行うだろう。このことはP43で書いた。

20年で100倍になった国

中国は日本より物価が5分の1ぐらいの安い国だ。それなのに不動産は高い。今や日本の2分の1ぐらいだ。一等地なら中国のほうが高い。だから中国全土で8000万戸の投機目的で建てた住宅が余っていると言われているが、しかし、これらを今の中国はすべて消化する。

日本と比べたら、まだまだ荒れ地のままの土地は十分にある。それなのにどうして不動産価格がこんなに高くなったか。

私と石平《せきへい》氏との対談本『中国　崩壊か繁栄か⁉』（ビジネス社刊、2012年）の中で、石平氏が「（自分のかつての同級生たちだった）北京大学の教授たちでさえ、2009年には『君は4軒目の住宅を買ったか？』とひそひそ話し合っていた」と言っている。中国はそういう国だ。

抜け目なく上手に投資した人々は、日本円にして2、3億円の資産をこの10年で作った。都市部ではこの10年で10倍になっている。本当だ。2009年までの住宅バブルが最盛期だった中国では、北京や上海の都市市民（すなわち共産党員や企業家層）なら、一人で5、6戸の住宅を買うのは当り前のことだった。

中国では、「不動産も物価、賃金もこの10年で10倍。その前の10年で10倍になった。だからこの20年で100倍になった」と私はいつも書く。

10年前の2003年に10万元（150万円）で買えた高層アパートが、今は100万元（1500万円）だ。20年前なら本当に、一戸が1万元（15万円）だったと言う。

なぜなら30年前の1983年には『万元戸《まんげんこ》』（1万元の年収の急激な富農。起業家。1万元は今ではたったの30万円）が出現した。彼ら超富農の企業家の年収は、今は3億円ぐらいだろうから、ちょうど1000倍になっている。やはり「10×10×10」で30年間で1000倍になったのだ。中国とはそういう国なのだ。普通の庶民の給料（月給）も、10年前には800元（1万円）だった。しかし20年前には80元（1000円）、30年前には8元（240円）だっただろう。今は4000元（6万円）ぐらいになっている。

それではこのあと、これから先、中国の住宅（鉄筋高層アパート）は、5倍、10倍になるか。と言うとそれはないだろう。北京、上海で八還路《はちかんろ》以内（まあまあの高級地）で100平米400万元（6000万円）までいったアパートは、今は高どまりのままだ。少しでも下がって、質がいい住宅の売り出しならば、働き盛りの若い夫婦の買い手が殺到する（親たちが資金を出す）感じだ。今や日本の高層アパートの値段とまったく変わらない。というよりも中国のほうが高いだろう。

バブル崩壊も軽々と乗り越えていく

中国でも住宅バブルが2011年にはじけた。だから中国でもローンを返せなくなった人が続出しただろう（アメリカのように）と思うだろう。

ところが、この問題が中国ではまだ起きていない。アメリカでは、投資用建物（コンドミニアム）の住宅ローンを返せなくなった人々が投げ売りした。

アメリカでは、自分の家以外に、「甥っ子、姪っ子の分。おじさん、おばさんの分」という名目で、銀行の住宅ローンが5軒分も下りた。今もそうだ。中国もこの世界基準《ワールド・ヴァリューズ》で動くので、都市の富裕層が、4、5軒も家を住宅ローンで買えた。それに比べて日本は法規制の厳しい国で、通常住宅ローンは自宅の一軒分しか組めない。日本のほうが世界基準からするとおかしいようだ。その分、日本のサラリーマン層は1993年からの住宅バブル崩壊のときに打撃（痛手《いたで》）を受けなかった。

アメリカでは、それがリーマン・ショック（2008年7月）で大爆発した。投資が逆回転《リワインド》を起こして大変なことになった。住宅が暴落して、銀行が「担保《たんぽ》価値が下がった分を差し出せ」、「ローンを返せ」と激しく攻めたてた。今はアメリカ政府が、無理やり住宅価格を落とさないようにインチキ政策で底上げをしている。アメリカは、①住宅価格が下落して、②株価も下落したら、そのときアメリカ帝国は終わりだ。この①住宅と②株の下落を（なんとしても）阻止するという理屈で、今の世界中が動いているのだ。住宅ローンは中国も同じ仕組みになっている。だから中国の次の住宅バブルは危険だと言えば、かなり危険だ。だが、もう「これからの10年で不動産がさらに10倍」ということはない。3倍ぐらいが限度だろう。

ただし、中国は金融制度と法制度が、まだ20年ぐらい遅れた国だから、クレジット・デリヴァティブ、すなわち「住宅ローン債権担保証券」＝CDO《シーディオー》などの巨大な金融バクチ商品の市場）が全然発達していなかった。これが幸いした。中国の〝バブル崩壊〟はたかが地価（住宅）の半値への下落だ。これぐらいはどうということはない。その前に急激に10倍に値上がりしているのだから。半値になっても買い主はこたえない。

それに対して、アメリカ帝国では、最先端の金融バクチ商品の巨大な爆発が起きた。リーマン・ショックで金融市場（大銀行、大証券たち）が巨額の損（合計でおそらく50兆ドル＝4500兆円）を今も隠し持っている。これが原因で、2年後にはアメリカ金融帝国（アメリカによる世界一極支配）は瓦解するだろう。

これが私、副島隆彦が一貫して唱えてきた大予測（大予言）の骨格だ。2015年でアメリカは世界覇権国の地位から転落する。その時に、中国が次の世界覇権国になるだろう。私は中国で、住宅ローン破産で差し押さえられたという話をこれまで聞いたことがない。事業に失敗して住宅を投げ棄てた人たちはいるだろう。まだまだ成長経済《エコノミック・グロウス》している国と、衰退国家（日本やアメリカ）では、国民の気風というか、生き方、感じ方が全然違うのだ。

日本みたいなバブル後の混乱が、中国では起きていない。それは法制度的にも遅れた国だからだ。土地の私有制度さえまだ準備中でできていない。このことが却《かえ》って幸いしている。しかし同時に、日本の土地所有制度のあまりの絶対的所有権の制度はよくなかった。何十年も立ち退かないで、都市開発や道路、通勤新線がぶっ止まり、皆の邪魔をしたバカ者の横着を許し過ぎた。

新興国と先進国、どちらがまともか?

中国は、RMBS《アールエムビーエス》やCDO《シーディオウ》（住宅ローン債権担保証券）のようなクレジット・デリヴアティブ（高度の金融商品）を作り出すほどに土地の資本化（証券化）や資本主義的諸制度が未発達のままの国だ。だからよかった。あんなユダヤ人の強欲《グリード》の精神が作りだしたバクチ商品なんか作る必要はない。このことが世界中で分かった。中国は、まだ資本主義制度の初期状態だ。シンガポールどころかマレーシアやタイよりも中国はずっと資本主義の制度としては遅れた国だ。だから同時に高度資本主義特有のゾッとするような、人間性が歪《ゆが》みつくした金融バクチがなかった。投資や投機の対象としては、①住宅（アパート）と②株しかない。だから２０１１年の景気後退でこの二つが半値に下落しただけのことだ。

中国人は危険きわまりないデリバティブ商品に手をつけるまでに至っていなかった。「証券化された金融市場」が未発達のままだ。

アメリカは、金融ユダヤ人たちが1980年代から調子にのって、コンピュータ数学を駆使して開発した金融工学（ファイナンシャル・テクノロジー）の金融バクチ商品で大失敗した。自業自得だ。だからアメリカ帝国は早晩自滅するのである。隠し持っている大損（含み損）が巨額すぎる。あれらを帳消しにすることはできない。中国は遅れてやってきているから、今から資本主義が発達する。それなのに共産主義体制だ。このことの奇妙さを私たちは真剣に考えなければいけない。「高度に発達した資本主義」というのが、果たして人間にとって必然なのか。かつ必要なものなのか。そんなにすばらしいものなのか。中国の他にも、アラブ・イスラム教世界であれ、他の新興国のまだ貧しい国々であれ、高度に発達した資本主義など元々不要なものなのではないか。

日本は「バクチ倍率（レバレッジ）を25倍までに規制する」という法律がすぐにできてしまう国だ。100万円の投資元金《もと》で、2500万円までしか投機（スペキュレーション）をやらせない。デイトレーダーたちがやっているFX《エフエックス》（為替の証拠金《しょうこきん》取引）がそうだ。バクチ大好き人間たちの人生の暴走の悲惨を国家制度が規制しようとする。

今回はもう無理なので次の中国研究本で、私はこのことを徹底的に考えて書こうと思っている。人類が直面しているこの最大の問題について。果たして中国やイスラム教諸国は遅れた国々なのか、と。やはり真にすぐれているのは、カール・マルクスの「労働価値説（ワーク・ヴァリュー・セオリー）」だろう。人間が汗水たらして働いて生みだすものが価値《ヴァリュー》なのである。本当にそう思う。

中国では８０００万戸も作り過ぎた家が余っていて誰も住んでいない。それなのに、中国は崩壊しない。偉大だったジョン・メイナード・ケインズの経済学理論に従えばいいのだ。どれだけ家を作ってもいいではないか。ケインズは大不況の時は、ピラミッドでもいいから作れ、と言ったのだ。それらを作るための労働への労賃さえ払い続けられるなら、それが「社会全体の富」になるのだ。いくら売れ残っても構わない。失業者と若者に職を与えることが大切なのだ。

中国の悪口ばかり言っている人々は、５年前は「中国の国営企業が巨大な借金を抱えている。だから中国は崩壊する」と言っていた。だが不思議なことに、中国の国営企業群の借金は全部消えてなくなっている。なぜ消えたのか私にも分からない。おそらく超高度成長の、「20年間で１００倍」の激しいインフレで、帳簿の負債（デット）が〝帳消し〟で消えてしまったのだろう。よく分からない。

中国の最大の資産は〝人口の増加〟

中国政府は2012年の年末から、今度は「所得倍増計画」を言いだした。これは、この本でもずっと報告してきたとおり、工場（企業）の現場で、「給料を2倍にしろ。暮らしていけない」という労働者たちからの突き上げが激しいからだ。この現実に政府が押されて言いだした面もある。この「今の収入を2倍にする」（P78に習近平の宣言文あり）は理屈にかなった〝国民との約束〟だ。

一体、この10年間で中国で何が起きたか。人類史上の巨大な変化が起きていたようだ。私以外の日本の識者は、誰もこのことを正面から真剣に考えてこなかった。中国のあまりもの急激な変化に、外国人（外から見ている人々）は誰も追いつけない。内側にいる中国人知識人たちも冷静に測定できなかっただろう。私自身の頭が追いつけなくてボー然となる。

中国の一つの省が大きいもので1億人くらいで、日本と同じくらいの人口がいる。全部

中国の最低賃金の推移

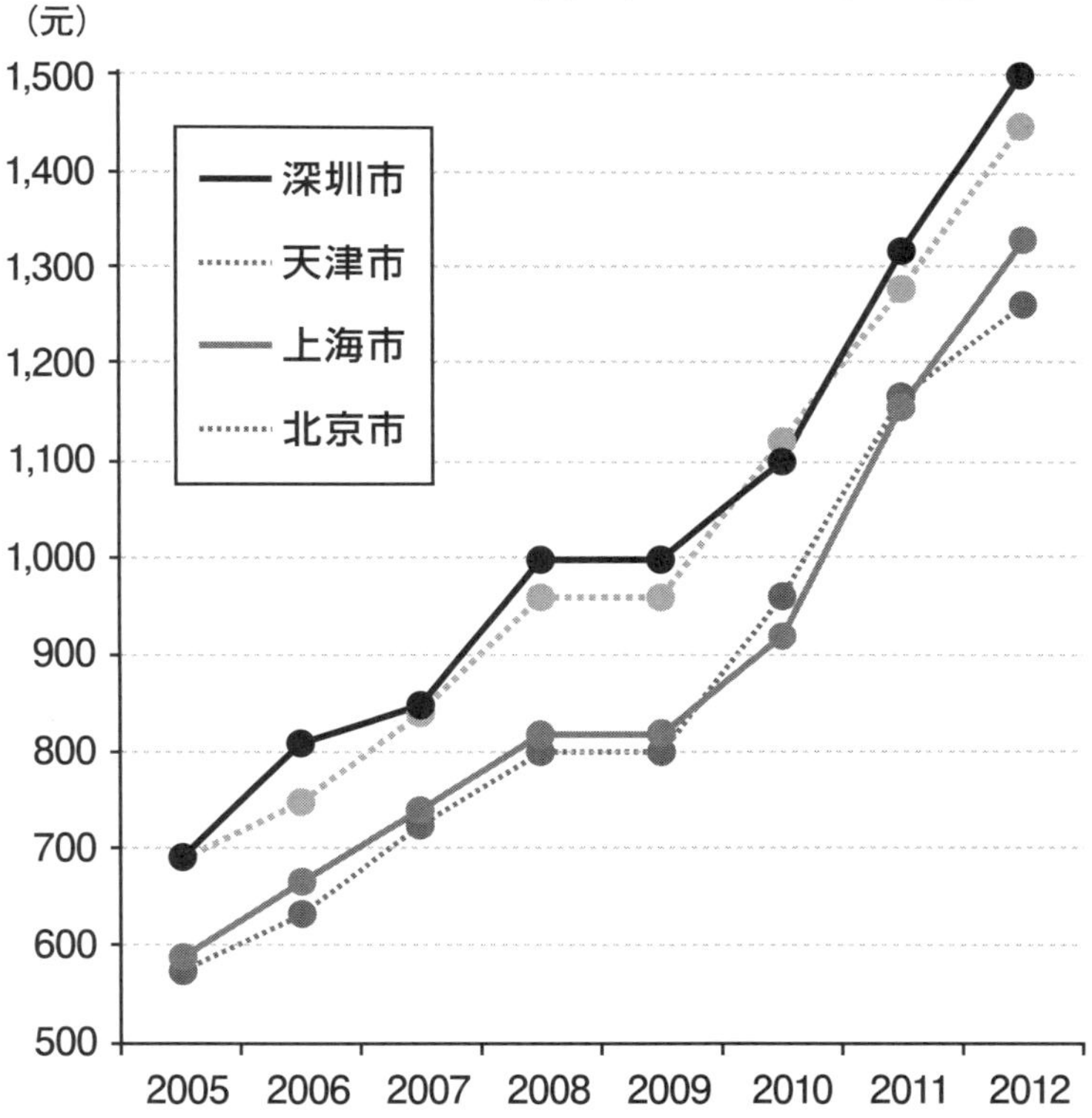

出典：中国統計局他の資料をもとに作成

このグラフは最低賃金である。だから平均賃金はこれよりも高い。普通の層はこの3倍から5倍の収入がある。さらに都市市民である富裕層の年収はとっくに日本を追い抜いている。このまま行くと成長経済の国の中国と、衰退国家である日本では、あと3年で賃金も逆転するだろう。

で「23省、4自治区、4直轄市」だ。それが中国だ。ヨーロッパ全部（EU《イーユー》27ケ国）でたったの5億人だ。それよりはるかに大きいのが中国だ。すでに人口は16億人いる。すぐに20億人になるだろう。世界人口（70億人）の4分の1だ。中国はただの国なのではない。中国だけで世界の4分の1なのだ。中国はだから自分の国だけですべてを作って、すべてを消費して、自分たちだけで経済を回してゆける国だ。他国に頼らなければならない国ではない。この点が中国の大きな強みだ。今や天然資源も技術も生産能力もすべて有る。そして中国の最大の財産（資源《リソース》）は、人間（人口）である。勤勉によく働く16億人の人口であり、かつこれがまた旺盛に消費もする。中国人のゴハン（外食が大好きだ。毎晩、順番におごりっこをしている）の食べ方は豪快だ。

中国には、今も戸籍に登録されていない人が1億人ぐらいいるらしい。ひとりっ子政策だから、2人目、3人目が生まれても戸籍に入れない人が大勢いると言われていた。しかし、それは5年前までの話だ。そんな情報はもう古い。急激に制度が変わって2人目を生んでいい制度に変わりつつある。農村地区では2、3人の子どもはずっと昔から当たり前だった。女の子たちは都市に流れ出して、農民戸籍《のうみんこせき》のまま都市の貧困層として居ついている。それを都市住民も差別したまま受け入れた。中国では役人（公務員）に裏金を渡せば戸籍も買えるらしい。この鷹揚さが日本人には理解できない。

子どもに関して、今はおもしろい事態になっている。以前はひとりっ子の男の子が望まれて大事にされた。が、男子ばかりが増えて逆に女の子が不足して大事にされている。**「女の子が生まれたら招商《しょうしょう》銀行。男の子が生まれたら建設銀行」**が今の中国の流行語だ。都市部で息子が、嫁をもらう（結婚する）には、「家1軒（アパート1戸）と自動車」がないと、もう嫁の来手がない。そのような笑い話になっている。

地方出身者（農民戸籍）は今も差別されている。が、逆に努力して都会で大金持ちになっている人もたくさん出ている。だから旧来の特権的都市市民《ビュルダートゥーム》たちが「田舎者の方が羽振りがいい」とやたらとやっかみを言うのが、今の中国の流行だ。北京や上海の市民《シトワイヨン》はそれ自体で中国の特権層なのだという視点（理解）は、なかなか日本人には分からないだろう。私のような生来の探検者《エクスプローラー》＝文化人類学者《アンスロウポロジスト》の資質を持った人間にしか分からないだろう。冷ややかに外国の部族社会を洞察する能力が必要である。

農民が9億人、都市の庶民人口が7億人いて合計で16億人いる。5年前は、都市に流れ込んできた人たち（農民工《のうみんこう》、民工《みんこう》と今も言う）の、政府が規制している最低賃金は月800元（日本円で1万円）だった。今回調査したら最低でも1500元（2万円）に上がっていた。前述したとおり外資系の企業の熟練工は、月給7000元（10万円）になっている。銀行員の若いエリート女性社員も同じくらい取っている。そして、「さらに給料を2倍にせよ。ボーナスを1年分出せ」という動きが中国全土に満ちあふれている。

所得倍増を初めに言い出したのは胡錦濤である。

■胡錦濤主席のGDP・所得倍増計画　格差拡大への対応が課題

2012年11月8日に開幕した第18回中国共産党大会で政治報告を行った胡錦濤国家主席（党総書記）は、「2020年までの国内総生産（GDP）倍増計画」の一環として、為替や金利をより市場原理に基づいて運営するほか、対外投資（外国への出資）を促進し、産業への政府投資を拡大すると表明した。

また、「2020年までの10年間で国民所得を倍増させる目標」も強調した。胡主席は今大会中に、党トップの座を降りる予定。胡主席は「われわれは内需を拡大することに注力した戦略をしっかりと維持する。消費者（である国民）の需要を高める長期的なメカニズムの確立を急ぎ、潜在的な個人消費を引き出し、適切なペースで投資を増やし、国内市場を拡大する」とし、「われわれは多層的な資本市場をつくり上げ

中国のGDP成長率とGDP総額の推移

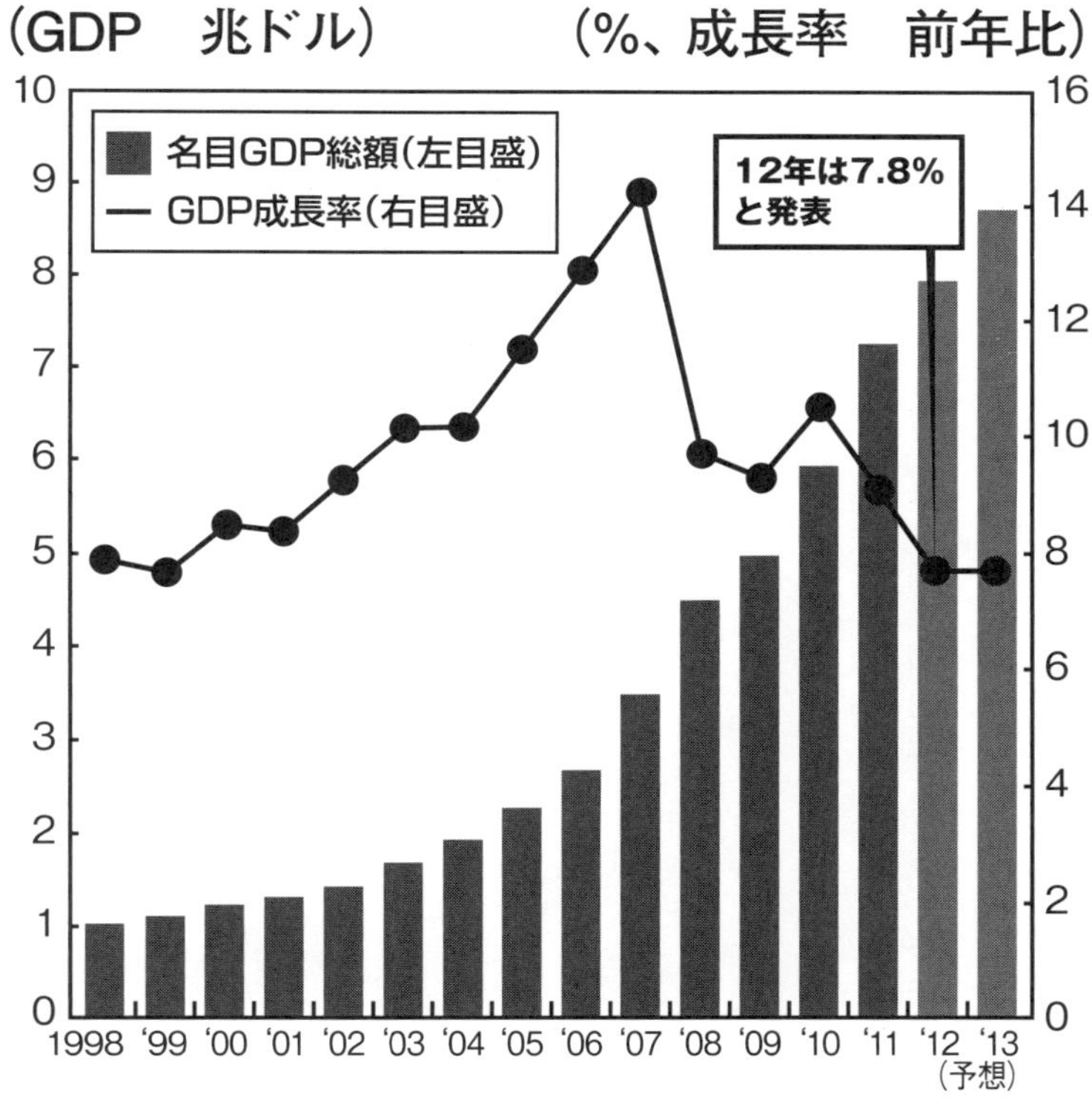

出典:国際通貨基金(IMF)

中国の成長率は2007年の驚威の14.5%がピークだった。そのあとは下がり続けている。それでも7%台を維持する。GDPそのものは9兆ドルを越して、あと2年で10兆ドルの大台に乗る。

るべきである。金利と人民元相場を一段と市場原理に基づくものにする。そのために段階的に前進し、時期が来れば（政府による統制でなく）資本勘定の下で人民元の交換性を促進するべきだ」と述べた。

中国の最高指導者だった鄧小平氏が1970年代末に改革開放を打ち出して以来、中国の指導者らは、10年ごとに経済規模を倍増させることを約束してきた。

実際、中国経済はその目標以上の拡大を続け、（1983年からの）過去30年間に毎年平均の経済成長率は約10％を達成した。

中国の企業経営者の動向に詳しい組織「胡潤百富《こじゅんひゃくふ》」（日本語版は、ルパート・フーゲワーフの『中国の赤い富豪』2006年刊で止まっている）によると、中国には270万人の（米ドル換算）百万ドル長者と251人の億ドル長者がいる。

（2012年11月8日　ロイター）

このように2013年からの10年間の中国の国家目標は胡錦濤によって決定され、習近平にバトンタッチされたのである。この胡錦濤の表明はP78で書いた習近平の「11月15日宣言文」とピッタリと一致している。中国の指導者たちは馬鹿ではないことがよく分かる。

彼らは世界をリードするに足る能力を示している。

中国の成長は止まらない

私が大きく分かったことは、中国をいくらアメリカ（ヒラリーが主導した）が封じ込めよう（コンテインメント・ポリシー）としても、もう遅いということだ。日本とフィリピン、ベトナムを中国に軍事的にぶつけようとしても、もう手遅れだ。尖閣諸島問題のことを中国は中国海軍と民間の海運力が東海《とうかい》（太平洋）に出てゆくための障害要因である、と考えている。日本など敵《てき》ではない。その背後のアメリカと駆け引きをしているのだ。中国は今も自分たちの経済成長を主眼に置いている。国民の生活を安定させ豊かにすることこそは政治の目標である。**中国はたとえ世界から孤立させられても、自分たちの内需と国民の生産力と消費力だけで十分にやっていける国になってしまっている。**

最近は、「中国は地方政府が巨大な借金を抱えている」と中国をとにかく貶《おとし》めないと気が済まない人たちは書く。ところが中国の地方の共産党の財政事情（収入基盤）がそんなに悪いようには思えない。それどころか彼らはかなりの財力を持っているように見える。

私が中国に対して盲目的になっているのではない。私は冷静に冷酷に中国を分析している。私の今回の重慶・成都調査の最大の成果は、この「中国の地方政府の財政事情」での中国の巨大な秘密になんとか接近、解明できたことだ。

中国の土地は今もみな国のものだ。土地は私有制になっていない。やはりこのことがものすごく重要だった。地方の中国共産党（「人民政府」と言う）がそれぞれの省、市、県、鎮、区の土地すべてを所有している。この事実はものすごい。

高層アパートを買った人は、70年〜50年の、「使用権」を持つ。商業ビルならば40年の「使用権」である。利用権と言わず使用権と言う。「利」というコトバを嫌うからだろう。これは日本で言う所有権ではない。ということは地方政府は、都市計画をどれだけでも即断即決で行える。

私が今回行った重慶と成都の間の３００キロは、時速１５０〜２００キロの高速鉄道（日本の新幹線やフランスのＴＧＶ《テジェヴェ》と同規格のもの）であり、ちょうど2時間で着いた。さらにそのそばにまったく別の新しい線路が作られて、来年から重慶―成都は1時間で走る。ということは時速３００㎞だ。

日本の新幹線技術は、20年前は世界一だった。ところが、どうもその後の進歩がない。

中国全土にものすごい早さで高速鉄道網が出来つつある

中国の高速鉄道の名前は、どこに行ってもたいてい「和諧号（わかいごう）」だ（笑）。たった3年ぐらいで新しい路線を作ってしまう。さすが「万里の長城」を作った人たちだ。今の中国人のこの超スピードに対して、私たちの頭を切り変えたほうがいい。（2012年10月18日撮影、重慶駅）

とっくに中国に最新技術を取られている。フランスの技術よりも上だ。リニア・モーターカーもドイツから技術を買い取って（すなわち技術移転して）しまっている。5年後には時速600㎞～700㎞のものを走らせるだろう。高速鉄道網の話はこのあとP174で続ける。

巨大な国土を急速に開発できる国

ここでどうしても書きたいことがある。

中国の農民たちが無理やり土地を取り上げられて、中国全土で暴動を起こして死んでいるというのは真っ赤なウソだ。中国を腐《くさ》すためにする愚劣な言論だ。5年前、私が現地で聞き取り調査したときは、「農民1人40万元（つまり600万円くらい）の立ち退き料」だった。ところが、5年後の今は開発予定地の農民、あるいは、都市の立ち退き拒否の住民たちは一人500万元（つまり6000万円）くらいを政府に要求している。そして政府はその金をちゃんとすべて払っているようである。これにはさすがの私もビックリした。5年前の10倍になっている。ものすごいことだ。もう中国の農民や、再開発反対の居座り都市庶民がかわいそうだなどと言えなくなっている。重慶市でも10年前には、「立ち退くならば15万元（２００万円）か、あるいは50平米の郊外（中心地からずっと遠い）のアパート一戸を与える」だった。そして全員立ち退いた。

それが、今ではおそらく地方都市であっても一人３００万元（４０００万円）ぐらいの立ち退き料を要求しているだろう。中国人の今の権利（要求）意識の高さは日本人と変わらない。たしか、２００8年8月8日の北京オリンピックの前に、あの「鳥の巣」スタジアム建設の周辺で立ち退きを命じられた住民たちは、50キロくらい先の郊外に集団で移転した。みな一人1億円ぐらいの住宅と転職補償をもらって喜んでいる。これが今の中国だ。

だから中国のすべての農民、すべての都市の低所得者層が、近い将来、床面積１００平米の30階建て、40階建ての高層アパートに入居できるだろう。そうなるのにあと10年もからない。私は去年の自分の中国本で、この計画を「中国全土のシンガポール化計画」と名づけた。そのために、まだまだ中国全土で10億戸分ぐらいの高層アパートを建設し続ける。中国を車で走り回れば全土のいたるところにおびただしい数の建設中のビル群に出くわす。この動きを誰も止められない。

パール・バックの『大地』（１９３1年刊）に出ていたような、貧しい農民がまだまだ地方に行くと大勢いるようにも見える。

しかし「貧乏な中国」という、今も多くの日本人が勝手に信じ込んで勝手に見下している中国は、この10年間で急激に消えた。真実を知りたかったら自分の目で直《じか》に中国を見に行きなさい。すべて丸見えだ。日本のウソつきテレビ・新聞に騙されたままではいけない。貧しい層の人たちも、これから全員高層アパートに入れる。土地はみんな共産党が持っている。だから立ち退かないでゴネまくるという人間は中国にはほとんど存在できない。すべては立ち退き料と補償金の額の問題なのだから。建設技術もどんどんよくなっている。40階建てのビル100棟くらいをすぐに建てる。この開発地のド真ん中に設備を作って生《なま》コンクリートをこねている。

この中国の急激で巨大な変化を、私はこの10年定点観測してきた。現地調査して目撃しながら生きてきた。この私にもまだこの巨大な変化の全体像を理解できていない。これこそは「中国の秘密」だ。やっぱり土地が山ほどあるからだ。人口が16億人もいても、まだまだ農地にさえ成らなかった荒れ野や、湿地が山ほどある。都市計画も近年しっかりしてきた。中国人が集団で見せる「私たちは豊かになるんだ。立派な都市にするんだ」という決意はものすごいものだ。

これから「**小区**《シャオチュイ》」なるものを説明する。「小区」は一番下の行政区だ。「小さな区《チュイ》」と言ってでも1つで1万戸くらいの人口がいる。この「小区」は、7人の、選挙で選ばれた委員（役員）がいる。そしてこの1万戸の「小区」がみんなで郊外への移転を決めたら、全員がいっせいに動く。この決断の力がものすごい。即断即決である。これが今の中国の真の原動力だ。1万戸3万人ぐらいが、即座に移動を始めるのだ。〝人海戦術《じんかいせんじゅつ》〟の伝統だろう。だから日本のように新幹線や通勤新線を1本通すのに40年もかかるという馬鹿なことをしない。中国ではたったの1年で道路と線路と電車が通る。

今回の私の調査の収穫の一つは、この「小区」である。中国の民衆（人民）の本当の決議機関は、この小区である。

7000戸（世帯）から1万戸（2〜3万人）ぐらいで一つの小区《シャオチュイ》だが、1戸あたり年会費として1万元（14万円）を集める。まとまると大きな金額となる。その配分権を役員たちが握る。現実のドロドロの人間関係から選挙で選ばれた7人の「業委会《イエウェイホイ》」（業務委員会、任期5年）が、小区の役員会（執行機関）であって住民たちの生《なま》の代表権力を握っている。

この業委会の他に、その地方の共産党政府が任命する「居委会《ジュウェイホイ》」というのもある。しかしこっちは形だけの公式の飾りの組織だ。こちらも最近は選挙で委員が選ばれるようになった。

「業委会《イエウェイホイ》」のほうで、中国の実際の生きた政治が動いているらしい。この住民組織で決定されれば、本当にまとめて全員が動きだす。補償金や代替地《だいかえち》（あるいは高層アパート）をもらって移動する。道路拡張や再開発のために集団移転が決まれば、そのように動く。ぐだぐだといつまでも反対を主張することは許されない。だから7人という奇数は、最後の多数決の決定を担保《たんぽ》（保障）する。中国のトップの人事が、去年までの政治局常務委員の9人から7人（チャイナ・セブン）に変わったのもこの「小区」の「業委会」の制度に倣《なら》ったものだろう。

「小区」のひとつ上の行政組織が「鎮《ちん》」であり、日本の「町」だろう。しかし人口規模が全然ちがう。「鎮」で50万人ぐらいだ。その上が都会の「区」（日本の「県」に相当。500万人ぐらい）で、その上が「直轄市」や「省」（5000万人ぐらい）である。そしてすべては「小区《シャオチュィ》」のところで決まってゆく。

今の中国の決断力はものすごい。私でもド肝《ぎも》を抜かれる。目が回りそうになるぐらいすごい。だから、たったの3年で高速道路や高速鉄道が開通するのである。

今の中国の〝開発独裁〟の体制を国家資本主義（ステイト・キャピタリズム）とも言う。中国の国家資本主義の力にはもうヨーロッパもアメリカもかなわない。それではどこに中国の弱点があるだろうか、と今も私は一生懸命考えている。しかも、今の中国人はとにかく働く。一人ひとりが豊かになるために必死だ。1日16時間ぐらいは平気で働く。休みなしでぶっ通しで半年ぐらい働く。そして2月の旧正月（「春節《しゅんせつ》」）になったら冬のボーナスをもらって、地方からの出身者たちは田舎に2週間ぐらい帰る。労働条件（待遇）の悪い工場（企業）だと、そのあと民工《みんこう》（出稼ぎ労働者）たちが誰も帰ってこない、ということもよくある。

誰も中国を止められない

中国では、地方共産党の幹部（公務員）たちが実際上ものすごい富裕層になっているようだ。その実態は分かるようで分からない。私が出会った人々がそうなのだろう。市長や鎮長、区長クラスだと資産100億円が何十万人もいるのではないか。すべての許認可権を握っているからだ。そしてやはり土地だ。都市化のための用地と鉱物資源用の土地の両方だ。すべて彼らのものだ。だから中国の地方政府は巨大な地主でありかつ資本家だ。

今の中国は自分たち16億人だけで、内需（国民の消費力）だけでも十分に自律的にやっていける。すべての資源が国内で出る。

まだ足りないのは石油（原油）ぐらいのものだ。世界中からの輸入に頼っている。しかし本当はエネルギーの70％ぐらいを今も石炭で自律的にまかなっている。10年前までは食糧が不足して食料の小麦ととうもろこしを、アメリカとカナダに頼っていた。しかしもう十分に自力生産している。足りないのは大豆《だいず》だけだ。原油は中東《ミドルイースト》やベネズエラなどの南米からタンカーで運んでいる。アメリカ海軍は、マラッカ海峡でこの中国のタンカーを阻止して通行止めにしようと狙っている。しかし、そんなことはどうせできない。

だからアメリカに経済封鎖（禁輸、エンバーゴー）されても中国は大丈夫だ。

中国は経済封鎖にも耐えられる。アメリカのほうが根負けする。核戦争を含めた全面戦争一歩手前の事態にまで緊張が高まっても中国人は負けない。アメリカが画策して、せいぜい東シナ海で小さな軍事衝突が断続的に起こる程度だ。

かつ、世界中に華僑（今は華人《ホアレン》と言う。外国籍を持つ中国人たちだ）がいる。おそらく世界中で1億人ぐらいいる。この華僑たちが血派、人脈で本国とつながっている。当然密かにあらゆる情報、知識が中国に集まる。華僑たちの生き方は日系人とは異なる。アメリカの日系人たちが、「日本は嫌いだ」と言って白人に混血で同化していったのとは大違いだ。

中国共産党の幹部たちの隠れた資金は香港経由で世界中に逃がしている。中国の国内資金の3割ぐらいが海外に流出している、と非難されている。中国で「裸官《らかん》」と言って、「裸の官僚」という意味で、子供や孫を海外に留学させたりして逃がしている共産党幹部たちのことだ。この「裸官」批判をした王洋《おうよう》もすぐに黙ってしまった。身ぎれいな共産党幹部など誰もいない。いなくて当り前だ。だが、中国人が海外に資産を逃がしている、ということは「世界中への中国からの投資」だ、と考えることもできる。

だから、どう考えても中国が次の世界帝国（シージェディグオ）になるのだと、私はずっと書いてきた。


中国に比べたら日本は今やちっぽけな国だ。この20年間ずっと停滞（「マイナス成長」というヘンなコトバは、やはりヘンだ）が続いて、どんどん国力が落ちている。今や日本は衰退国家で貧乏国家だ。アメリカがふんだくるからだ。アメリカに合計で1000兆円（12兆ドル。主に米国債買い）も貢がされて奪い取られているからだ。それなのに誰一人抗議の声を挙げない。この大きな真実を議論しようとする正常な頭をした知識人層がいない。私がたった一人で孤独な闘いをずっとやっている。

属国日本のこの無惨なありさまと比べて、中国は何があってもこたえない。アメリカの脅しにも屈しない。このまま成長経済を続けるだろう。２００８年のリーマン・ショックのあと、中国の沿海部（先進地帯）からのヨーロッパとアメリカ向けの輸出が減った。これは事実だ。しかし内陸部の開発は今からだ。先ほどの胡錦濤と習近平の演説でも「これからは内需を拡大する」と宣言していた。まさしく重慶を中心拠点とする〝西部大開発《シーブーダーカイファ》〟である。

重慶・成都に来るまで、私には西部大開発のコトバの真の意味が分からなかった。**私はハッと気づいて分かった。**四川省の山の中にはまだまだいろいろの鉱物資源が眠っている。これを目下盛んに採掘しているのだ。このことが私たち外国人には見えないから分からないのだ。天然資源（鉱物、金属類）は資源探査衛星（「ランドサット」のような）で調べたらだいたい分かるそうだ。何という鉱物がどこにどれぐらい埋まっているかが分かる。金、ウランから、あらゆる金属類そしてタングステン、チタンのレアメタルからレアアース類まで全部出る。それを取り出し加工する高度技術も中国はもう手に入れた。そして私が成都まで来て、真にハッと分かったのは、四川省のさらに先の西のほうは、広大なチベット高原なのである。国営企業と中国人企業家たちがどんどん入り込んで、ものすごい勢いで鉱山開発をやっているのだ。そこはもうチベット人自治区である。

少数民族のチベット人たちの、「人権や独立の要求」の問題がここで重要になってくる。中国の内陸部開発〝西部大開発〟の本当の目的地はチベットに眠る莫大な鉱物資源の掘り出しのことだったのだ。これで謎が解けた。だから前の本で書いた重慶・成都の100億円する邸宅を買うほどの鉱山成金《こうざんなりきん》の富豪たちがここに出現しているのである。

航空宇宙技術も中国は世界中からほとんど入手している。軍事スパイ活動も当然やっている。通信技術は、台湾の鴻海《ホンハイ》(中国の子会社がフォックスコン)がアップル社のスマートフォンの90%を広州と重慶で作っている。スマートフォンも中国でないと作れない。アメリカで製造することはできないのだ。アメリカには生産ラインがないのだ。高速鉄道網も原発も、第5世代戦闘爆撃機も、今やすべて中国は自力でつくれる。ちょっとぐらい型の古い自動車や工業製品や電気製品でも、まったく不自由はない。

重要な話だが、中国国家情報部が2006年11月にイスラエルのモサドと縁を切った事実がやはりものすごく大きい。中国は、これからは18億人のアラブ・イスラム教徒たちととともに生きてゆく、と大きな路線変更をしたのである。それまでは、イスラエルの情報機関が盗み出したアメリカの高度軍事技術を中国は密かに買っていた。それをやめた。それ以来、憎しみに駆られたイスラエルは、中国に対して激しい攻撃をかけるようになった。ウイグル人（ラビア・カーデイル代表）とチベット人（ダライ・ラマ14世）たちの独立運動や民衆暴動を、イスラエルが背後から動かしている。日本やフィリピンを中国にけしかける動きも大きくはイスラエルが仕組んでいるものである。軍事衝突にまで発展させるための人材育成も大きな謀《たくらみ》で実行されている。これは世界規模での〝大きな謀略政治〟の話である。

だが、今の中国の指導者たちは愚かではないから、これらの策略を見抜いているようだ。操《あやつ》られていいように使われている愚か者は日本だ。日本のバカ官僚たちとテレビ・新聞と愛国保守を自称する歪《ゆが》んだ人間たちだ。

中国がチベットを手放さない理由

私は四川省に行って大きくチベットが見えた。

成都の気候は、冬も零下にならず夏も30度ぐらいで快適らしい。それに対して重慶は夏は高温多湿で蒸し風呂のようになる。

大平原のまん中にある成都からは、チベットの首都・ラサまで航空便がある。日本人の観光客は成都から北の景勝地の九寨溝《きゅうさいこう》に行く。それとパンダ動物園に行く。そして「三峡ダムの川下り」の出発点である。チベットには青海《チンハイ》省の西寧《シーニン》からタングラ鉄道（おそらくディーゼル〈軽油〉機関車）で、遠々と観光旅行者として行く以外には、この成都から飛行機で行ける。

だから私が鋭く気づいたのはチベットの持つ意味だ。成都の西側一帯は次第に山岳地帯になっていてチベット人（族）が住んでいるはずだ。チベット族は少数民族であるから成都ではほとんど見かけることがなかった。

従って四川省の西側一帯の山岳地帯で、鉱物資源の開発が、国家開発計画として徹底的に行われているはずだ。そしてその先はそのままチベット高原である。だから今ではチベット全体にまであらゆる種類の鉱物、鉱山の資源の採掘が行われている。中国が世界一の産金《きん》国（年間４００トン）になったはずだ。

私はチベット独立運動の意味を考えた。ダライ・ラマ14世たちが、１９５９年に逃げてきてインド北部のダラムサームの都市に亡命政権を作っている。ここまで逃げてきたチベット人10万人がいる。チベット人の側からの主張はなにか。

今、ダライ・ラマ14世（チベット国王に相当する）は、次のように北京政府に主張している。

「チベットのすべての土地（大地）を北京政府（中国共産党）に差しあげよう。そのかわり、神聖なチベットの大地をあちこちで掘りまくって環境破壊をするのは止めてほしい」と。これがチベット側からの北京へのきっぱりとした要求である。

ここで私は考え込む。

おそらくこのような要求をチベット人がすることだけは北京側は呑まない。絶対に受け入れないだろう。相手が絶対に呑めないことをダライラマたちは要求している。チベット族（すべてで570万人とされる）への、いろいろな政治弾圧と差別があり、漢人（漢民族）がラサとその他のすべてのチベットの都市に移り、すでに多く住みついているだろう。

この動きは、私がフフホト（内モンゴルの首都）に行ったときに、はっきりとわかったことと同じだ。それは1960年ぐらいから、中国の人民解放軍の遠征《えんせい》として始まった民族大移動である。漢民族の移り住みは軍隊の辺境地への進駐とともに始まったのだ。だからまだ（１９６０年代から）50年しかたっていない。それ以前は、新疆ウイグルにもモンゴルにもチベットにもほとんど（政府関係の統治者たち以外は）漢民族はいなかったようだ。そしてこの50年間で漢民族の移り住みは急激に進んだ。そして現地人（少数民族）との混血が進んだはずだ。「少数民族の女性（母親）から生まれた者は、その民族としての身分証明書を持つ」ことになっている。この母系社会《マトリモニアル》の大きなルールが、中国（及びユーラシア大陸全体）にあるようである。

だから、父親が漢民族（中国人）であっても母親が少数民族であれば、子供は少数民族である。それ以外は漢民族となる。こうやって漢人が定住しどんどん増えていったようだ。旧満州（今は「偽《ぎ》満帝国」という）では、いったい満州人（マンジュ）がどれぐらいいて（３００万人か？）少数民族として保護されて残っているのかよくわからない。

しかし満人（満州族の女真《じょしん》、女直《じょちょく》）が北から進出（侵入）してきて作ったのが清朝《しんちょう》（大清《しん》帝国。１６４４年から１９１２年まで３００年続いた）である。清朝の満人貴族たちは、清朝中国３００年の支配者たちであったから差別などできない。漢族のほうが支配された。

独立運動は漢民族との同化に飲み込まれていく

私は前著（『中国は世界恐慌を乗り越える』）で書いたが、都ハルビンで満人貴族たちが使っていた話しコトバ spoken ranguage《スポークン ランゲッジ》が、今のプートンホア（普通語、北京官話《マンダリン》）なのである。当然書きコトバ（正書）は漢字文である。漢字によって作られた文明圏が中華帝国である。だからおそらく日本文化は４０００年の中国文明の一部である。

今やプートンホアが、世界中とは言わないが、アジア圏一帯（25億人）で学習され使われている。コトバ（の共通化）が一番大事である。

だから、たとえチベット人との合いの子、混血であってもプートンホアと漢字を自分の日常生活で使うようになった者たちは、漢民族に同化しているはずである。その人口の実数が正確に分からない。チベット人の人口は現在５８０万人（中国政府発表）であり、純血のチベット人はその半数の３００万人ぐらいだと思う（２００４年の発表で２７５万人）。そしてチベット自治区にはおそらくすでに５００万人以上の漢族が住んでいる。私の調査ではウイグルでは8割ぐらい。内モンゴルでも8割ぐらいがすでに同化していた。

私はモンゴル人の身分証明書を持っていたナスン君という穏やかな性格の好青年とフフホトで知り合えてよかった。彼からかなり多くの真実を聞くことができた。確かに、ごく少数だが、内モンゴル人の独立を求めて、今も刑務所に囚われている民族主義者の内モンゴル人知識人たちがいるようだ。優れた人々であると思う。

事情はチベットでもほとんど同じだろう。優れたチベット人なら独立運動をする。しかし、である。もう8割以上9割が漢民族に同化してしまっている。もうプートンホアしか話せない。民族言語が滅びつつある。この現状での独立は無理である。ナスン君でもほとんど諦めていた。

私はオルドスに行った。オルドスは、チンギス・ハーンの「黄金のオルド（移動式の巨大テントの宮廷）」という言葉から生まれた。私はこのオルドスの平原の中にあったチンギス・ハーンの廟《びょう》（お墓）に詣《もう》でた。

チンギス・ハーンは、1227年に第5回目の西域遠征に出て西夏《せいか》（タングート）と戦って降服させた。そして同年にこの地で死んでいる。そこから数百キロ北のこのオルドスの地に埋められた。このあとさらに骨を運んで、今のモンゴル共和国の東側のケルレン川、オノン川の流域のボルチギン（ボルチョイ族）の始まりの地にチンギス・ハーンの墓所があるらしい。現在その正確な場所を世界各国のチームが調査探索中である。

だが、モンゴル共和国（これを「外《アウター》モンゴル」と呼んだら、私は現地のガイドさんに叱られた）よりは5倍は広大である中国の内モンゴル自治区の内モンゴル人たちたちにしてみれば、自分たちの廟（墓）の方が本物だ、ということになる。両域の北京につながっている国境の町（駅）であるニレンホトに行ってよくよく調査し、現地人の話をきかなければ同じモンゴル族であっても両者の感じ方、考え方のズレと意思の違いがよく分からない。

北のモンゴル共和国のほうはソビエト・ロシアの属国として100年近く厚遇され、援助されてきた。ソビエトが1991年に滅んで（ソビエト崩壊）、ロシアからの援助が途絶えて、このときの数年間の寒波で、羊がたくさん死んで、モンゴル人の農民（遊牧民）の餓死者が10万人近く出たらしい。

今のチベットについては私は、ウイグル人、モンゴル人、満州人と類推して考えるしかない。やはり言語（コトバ）が一番大事である。血筋や血統から言うとほとんどの種族（民族）は混血している。人種（race　レイス）としての区別はつかない。私は今から10年ぐらい前（2003年ごろ）に「プートンホア（普通語、北京官話）で中国国内だけでなく大中華は統一したようだ」と判断して前著で書いた。

この構造中にチベットも組み込まれる。北京や上海にもの売りや観光みやげ売りに来ているチベット人は、かなり減って近年はほとんど見かけなくなった。中国政府の漢民族への同化政策は大きく進んでいる。中国全土の小学校でのプートンホア教育が決定的に進んだ。

だからチベットでも、ダライ・ラマ14世たちが〝独立〟交渉を北京政府と続けること自体が困難になっている。だからこのあとは、独立要求ではなくて、大幅な自治権の獲得の闘いしかないだろう。

西暦7～8世紀からの純血のチベット人の人々が、果たして２００万人ぐらいいるか、さえ私には分からない。8世紀より前にはチベット仏教（ラマ教）も存在しない。私は東京にある「ダライ・ラマ事務所」に行ってインタビューすべきなのだ。

混血した者たちはすでにまったく漢人と区別がつかない。吉林省延辺《えんぺん》地区の朝鮮族（およそ80万人）の人たちでもそうだ。北京、上海にまで朝鮮族の女性たちが若い労働力（あるいは結婚相手）として、半ば買われてきて暮らしている。

だからダライ・ラマ14世たちの「もうチベット大地はやるから、そのかわりそこを掘るな」と言う主張と要求だけは、北京政府は絶対に聞き入れない。なぜなら資源開発がチベット開発のすべてだからだ。北京政府にしてみれば、「それだけは言うな。それでは話し合いに入れない」ということだ。人がほとんど住んでいない広大なチベット高原に眠る鉱物資源こそは中国にとっての最大の宝物なのだ。「ここを掘るな」と言われたら北京政府は怒る。

やはりチベット側としては、「自分たちチベット族が生きてゆけるように特別の地域保全をしてくれ。今以上の漢民族化をやめてくれ。純血のチベット人が優遇されて生きる特別地域を指定せよ」という要求に変えるべきである。これなら今の北京政府が話し合いに応じるだろう。北京にしてももう今以上、世界中から「チベット人の独立運動を弾圧して、虐殺を続ける中国共産党」と言われ続けるのはたまらない、というのが本音だろうから。

台湾問題及び日本との尖閣諸島領土問題も本当はこれらと同じメンタリティで中国側は考えているはずだ。

民主化もいずれ実現する

ここで私がどうしても反論したいのは、あのチベットのラマ教（チベット仏教）の僧侶たち（ダライ・ラマに継ぐ第2の〝生き神〟である若いパンチェン・ラマも逃げて来ている）2万人の生き方だ。私は、ある民族や国家が、世界基準《ワールド・ヴァリュース》と異なる文化や考え方（冠婚葬祭の習俗《カスタム》から始まる）をしていても、それは現地で生きる上での必然（そこには自然環境の厳しさの要素が大きい）として、認めるべきだと思っている。

しかし生きている間、自分ではまったく働きもせず、ただ僧侶として喜捨《きしゃ》（供養、貢納物）にだけ頼って何万人もの僧侶がお経を唱えて生きている、というのはもはや認められないことだと思う。彼ら僧侶も亡命の地のダラムサーラで働くべきである。

ダライ・ラマ14世がいつも本当に苦しそうな顔をしているのは、自分の保護下にある彼ら僧侶たちの食いぶちを世界中の支援者たちからのお恵みと寄付（ドーネイション）にずっと頼っているからだ。きっとそうだ。その救援金の配分の苦労は世の中の経営者の苦悩と同じなのではないか、と私は思う。

加えて、私は、〝生き神さま〟信仰をそろそろ疑い否定する。日本の戦前までの天皇（崇拝）もそうだった。現人神《あらひとがみ》としての天皇信仰は、世界基準（それは連合諸国《ユナイテッド・ネイションズ》と連合軍《ユナイテッド・フォース》だった）によって打ち破られた。まだ今でも残っている世界の〝生き神〟王様は、タイ王室やサウジアラビア王家である。リヤドの大守《タリフ》であるサウド王家は、創立者イブン・

サウトの子や孫たちである。だからサウド家が王になっている国、という意味でサウド・アラビアであり、これがサウジアラビアなのである。

これと同種であるチベットのダライ・ラマの「仏さまの生まれ変わりの輪廻転生《りんねてんせい》による継承」の信仰も世界基準からすれば、そろそろアホらしいから民族儀式だけにすべきだ。代表者を国民選挙で選べ、とまでは言わないが、歴史時間（あと100年ぐらい）が経てばどうせそのようになる。

だが、このことは中国共産党の運命（今は〝開発独裁〟のやり方が、ものすごくうまくいっている）と同じだ。中国の民主化（複数政党制と普通選挙の導入）は、この10年で段階的に実施されるだろう。10年後（2023年から）のトップ・リーダーである胡春華《こしゅんか》と周強《しゅうきょう》の時代には、中国はデモクラシー（民主政治）の国になる。こうなることに何の心配もいらない。

第4章

中国は世界覇権を目指す

私は中国を旅行した

重慶《チョンチン》市は直轄市と言って、四川省の東側4分の1ぐらいを1997年に分割して重点的な開発都市となっている。北京政府（共産党）が直接発展させると決めた、中国内陸部最大の戦略的な重要都市である。

私はこの重慶をどうしても自分の目で見なければいけないとずっと思っていた。重慶は、1937年8月（第2次上海上陸作戦）に日本軍に侵略されて、首都南京《ナンジン》を追われた蔣介石が、内陸部に戦略的に撤退して国民党政府の首都として作った都市である。揚子江をずっと遡《さかのぼ》ったところにある。中国の大きな歴史はすべて揚子江と黄河を中心にできている。

ものすごいスピードで高速鉄道網が中国全土にできつつある。このことが日本には故意に伝えられていない。日本に今も広がっているのは、例の「中国高速鉄道追突・転落事故（2011年7月23日）」の話だ。40人が死に200人の負傷者が出た。鉄道事故自体は世界中で起きている。ところが中国では被害者を救出せずに「生き埋め」にしたとして騒がれた。生存者の「生き埋め」の事実はない。

あっという間に開通してしまう中国全土の“新幹線”の早さにはびっくりする

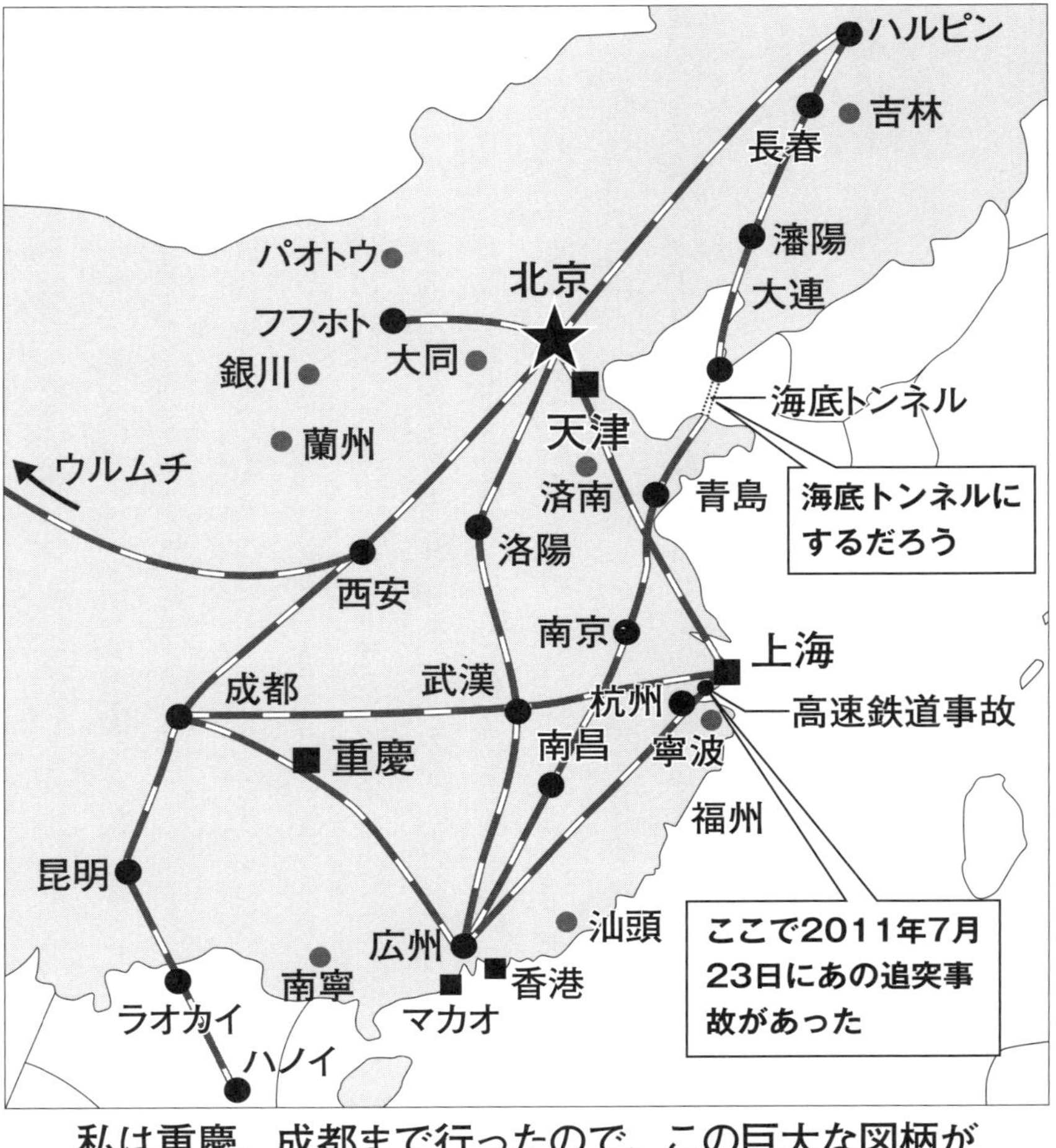

私は重慶、成都まで行ったので、この巨大な図柄が一瞬にして見えた。ここに行かなければ分からなかった。

中国鉄道省の幹部たちが事故を隠ぺいしようとして被害者を救出しようとせず積極的に公表しなかったという事実があった。鉄道省はこのあと温家宝首相によって実質解体され国務院の下に置かれた。

日本ではこの事故を過剰に取りあげて〝残虐な中国人〟を言いふらす者たちが多く出た。中国民衆の官僚支配への怒りがあることを民族体質の人種差別にすり変えた。日本の反中国キャンペーンの格好の材料にされてしまったことが残念である。

私があとで調べたら、この鉄道事故は上海と杭州《こうしゅう》（ハンジョウ）を結ぶ高速鉄道の鉄橋の上でのことだった。この上海と広州（広東省）を結ぶ高速鉄道はこのあと2日後には復旧して動いている。時速250キロぐらいで走っている。

中国の新しい高速鉄道の線路はどこまでも伸びており、全土に張り巡らす計画がある。P173の図のとおりだ。ユーラシア大陸を横断して、ロシア、ヨーロッパとも高速鉄道（時速200キロ以上）でつながるだろう。南に下《くだ》って雲南省の昆明《クンミン》からミャンマーやタイ、マレーシアにまでつながってゆく。成都の北の方にある旧都西安《シーアン》との間800キロを、4時間で結ぶ新線が今年にはできると現地で言われた。次々とアッという間に完成するという感じだ。その理由は「小区」のところで書いた。それに引き換え、日本の新幹線は、こ

三峡ダムクルーズの出発点

重慶の東端に三峡ダムクルーズの出発港が川岸にあった。揚子江を3日で下って、三峡ダムで7段式のエレベーターに遊覧船ごと乗せて下降する。これを3段ですます高速化工事が現在進んでいる。

ここで聞いた話だが、韓国のサムスン SAMSUNG 電子はアップル社とのケンカ（裁判と下請けいじめ）をやめて中国と組む。現在、西安《シーアン》の近くに習近平《しゅうきんぺい》の胆《きも》入りで巨大工場を建設中。

の20年技術の進歩がない。やや古ぼけてきた「N700系」で開発が止まっているとしか私には見えない。2階建ての車両を5年ぐらい前にJR東海はすべて潰してしまった。「時速200キロ以上出すと2階建ては危ないから」と車掌の一人が私に答えた。が、ホントウか？　日本は金持ち（グリーン車という一等車）の乗客がいなくなったから、あの2階建てを潰したのだ。日本の国家衰退は外側（外国）から見るとよく見える。

続々と出現する資産家、富裕層

中国の巨大な住宅バブルは2010年にピークを迎え、そして2011年夏に破裂して、私がフフホトに行っていた時に「ただいま暴落中」と私の中国本の4冊目の本に書いた。今は地方都市でも住宅下落は収束している。しかし中国政府が少しでも手綱《たづな》を緩めて金融緩和（住宅ローンを出しやすくすること）に向かったら、再び巨大な住宅購入の投機が起きるだろう。住宅価格が2割でも値下がりすれば、すぐにでも良質であるならアパートを買いたい若いサラリーマン層が何百万人も待機している。

北京と上海、広東省の住宅価格はP131の表のとおり、他の地方都市の3倍する。こここには3戸、4戸買って持っている上層市民たちがいる。投機用（投資用）の住宅を、5年前あるいは10年前から買っている都市の富裕層（中国共産党の地方幹部たちを中心とした層。すでに自己資産が、日本円で一人2億円ぐらいある者たち）が、500万人ぐらい出現しているだろう。おそらく北京や上海には、1戸1億円（床100平米、700万元）の高級高層アパートを秘かに100戸ぐらい持っている層（すなわち100億円の資産家層だ）が、100万人単位で存在する。彼らは企業家として己れの知恵と才覚で企業経営者として成り上がった「たたき上げ」の成金《なりきん》層とは異なる。新しい巨大地主（ビル・オーナー）階級が、中国に出現していると考えないわけにはゆかない。ドイツやフランスにそういう地主階級がいるから類推できる。

私がフフホト、オルドス（内モンゴルの中心地）と山西省《シャンシー》（ここが石炭地帯）に行って確認したのが、鉱物資源、鉱山開発で大成功した〝爆発戸《ばくはつこ》（バオファフー）〟と呼ばれる成金《なりきん》（新興財閥）層のことだった。それと同じぐらいの急激な地主階級が、北京、上海には形成されている。それは統計数値には現れない。共産党の幹部たちと、その家族、親せき（一族）である場合が多いだろう。しかしそれ以外に、地味《じみ》にこの30年間不動産（高層アパート用の敷地）を買い集めて賃貸用ビルを建て続けた超富裕層（ビル・オーナー階級）

がゆっくりと形成されている。彼らは決して社会の表面に出ない。ドイツやフランス、ウィーン、オランダなどにいる旧貴族の地主層と同じ種類の者たちだ。当然、日本にもいる。これからの中国のここの社会構造をどう考えるか、だ。

中国の住宅ローンは日本と同じだ。定収入のある労働者（サラリーマン層）なら銀行の住宅ローン（25年で返済）が発達していて借りることができる。しかし、今は金融引締《ひきし》め政策である。頭金は30％で現金で払わなければならない。金利は7％、25年ローンが典型（モデル）である。貧しい農民にまで、アパートの一戸が買えて住宅ローンでの購入が必ず行き渡るようにすることが、国務院総理（首相）になる李克強《りこっきょう》の責務だ。

商品市場も中国が引っ張っていく

中国が、鉱物資源（金属類）と農産物（穀物）の両方で、世界規模での価格決定権を握る動きが出ている。世界中で鉱物と農産物の市場は「商品先物市場《しょうひんさきもの》」（市況《しきょう》とも言う）と言う。この金属類と穀物類の二種類の市場で値段を決める力を、いよいよ中国が持つようになろうとしている。P179の表を見てほしい。今はまだわずかにシカゴの商品市場の

2011年の世界商品先物《しょうひんさきもの》取引所のランキング

（「天候デリバティブ」などを除く取引高）

1	ニューヨーク・マーカンタイル取引所（ＮＹＭＥＸ、ＣＭＥグループ）	億枚 5,449,2
2	インド・マルチ商品取引所	3,446,2
3	上海期貨交易所	3,082,4
4	鄭州《ていしゅう》商品取引所	2,858,6
5	ＩＣＥ《アイシーイー》フューチャーズ・ヨーロッパ	2,690,0
6	シカゴ商品取引所（ＣＢＯＴ《シーボット》、ＣＭＥグループ）	2,426,9
7	大連《だいれん》商品取引所	1,828,8
8	ロンドン金属取引所（ＬＭＥ《エルエムイー》）	1,466,0
9	ＩＣＥフューチャーズ・ＵＳ	537,2
10	インド国立商品・デリバティブ取引所	420,0

出典：日本経済新聞2012年9月20日

　鉱物資源（金属類・エネルギー）と農産物（穀物）の両方で、もうすぐ中国が世界の主要な価格決定権を握る。世界の鉱物・金属類と農産物（食糧）の価格を決める取引所トップ10　のうちに中国が今や3つも入っている。インドは2つ。米と欧が没落しつつあることをよく示している。

CME《シーエムイー》（シカゴ・マーカンタイル取引所）とニューヨークのNYMEX《ナイメイクス》（原油、天然ガスなど）とCOMEX《コメラクス》（金《きん》など）が価格決定権を握っている。しかし、もうすぐ中国やインドが鉱物と農産物の市場を取る。

私が鋭く注目しているのは米《こめ》の値段だ。どうやら米の価格を、あと2、3年で中国の「大連《だいれん》商品取引所」が握るだろう。日本人は日本の米《こめ》の値段は、いくら何でも日本国内で決まっている、と思い込んでいる。しかし、もうそういうわけにはいかないのだ。これからは中国が握るだろう。北海道の「キララ米」と全く同質のものを、既に中国の東北省《トンペイ》（旧満州）で作っている。もうすぐ「新潟コシヒカリ」と同じ高級米を中国が作るだろう。旧満州の黒龍江省の富錦《フージン》というところで日本米（ジャポニカ米）とまったく同じ米を大量に作っている。もしかしたら日本全国の米《こめ》（稲《いね》）の作付面積と同じぐらいをこの地区で作っているのではないか。

■商品先物市場　アジア大競争

世界の商品《コモディティ》取引所の2011年取引高ランキングで、中国の後退が鮮明になった。2年連続で1位だった「上海期貨《きか》交易所」が3位に後退し、他の2つの取引所も順位を落とした。中国当局の取引規制強化が影響した格好だ。その間隙を縫《ぬ》って2位に躍進したのが「インド・マルチ商品取引所」だ。タイ、マレーシアといった東南アジア勢も順位を上げており、アジアの取引所間の競争が激しくなってきた。

中国の3大商品取引所は軒並み順位を下げた。上海期貨交易所の取引高は前年比50・4%減の3億824万枚となり、前年の1位から3位に転落。「鄭州《チョンジョウ》商品取引所」は3位から4位に後退し、「大連商品取引所」は4位から7位に順位を下げた。

中国の取引規制の強化は、手数料や証拠金の引き上げという形で行われた。個人や商品ファンドなどによる過熱投機に歯止めをかけるためだ。昨秋以降は無数に乱立していた中小の商品取引所の再編統合を促し、取引所の新設についても制限を設けた。

日本勢の順位もここ数年の低下傾向に歯止めがかからない。「東京工業品《こうぎょうひん》取引所」が11位から12位に後退した。「東京穀物商品《しょうひん》取引所」は18位から22位と大幅に下げた。取引を望まない人に(電話をかける)営業をする「不招請勧誘《ふしょうせいかんゆう》の禁止」が昨年(2011年)1月から導入されて規制強化の動きが響いた。

日中の後退を尻目に、前年の7位から2位へと大幅に順位を上げたのがインドのマルチ商品取引所だ。取引高は3億4462万枚と76%拡大した。インドでは金《きん》の宝飾品向けの現物需要が大きいことが金先物《きんさきもの》の需要拡大につながった。原油は個人投資家を中心に取引が膨らんだ。10位の「インド国立商品・デリバティブ取引所」も順位は昨年と同じだが取引高は増えた。

ほかにもマレーシアの取引所が17位から16位に順位をアップ。タイの取引所が24位から18位に躍進して、世界的な資源取引の活発化を背景に売買を伸ばしている。

（2012年9月20日　日本経済新聞）

旧満州で今やコシヒカリを大量に作っている

この10年、どうやら中国の金持ちたちは日本から輸入した高級で安全な米《こめ》を食べている、と言われてきた。本当のことだと思う。日本人は中国の食糧、農産物は、農薬と殺虫剤のかけ過ぎ、使い過ぎで危険だ、とずっと言われてきた。確かに以前はそうだったろう。

ところがこの数年で一気にこの状況も変化しつつある。

中国人は農産物、食料においても急激な質の向上を実現しつつある。中国人が、いったん皆で決めて「私たちは考えを変えた。これからはこのように高品質、安全な農作物を作

旧満州の黒竜江省の富錦《フージン》には巨大な穀倉地帯が広がっている

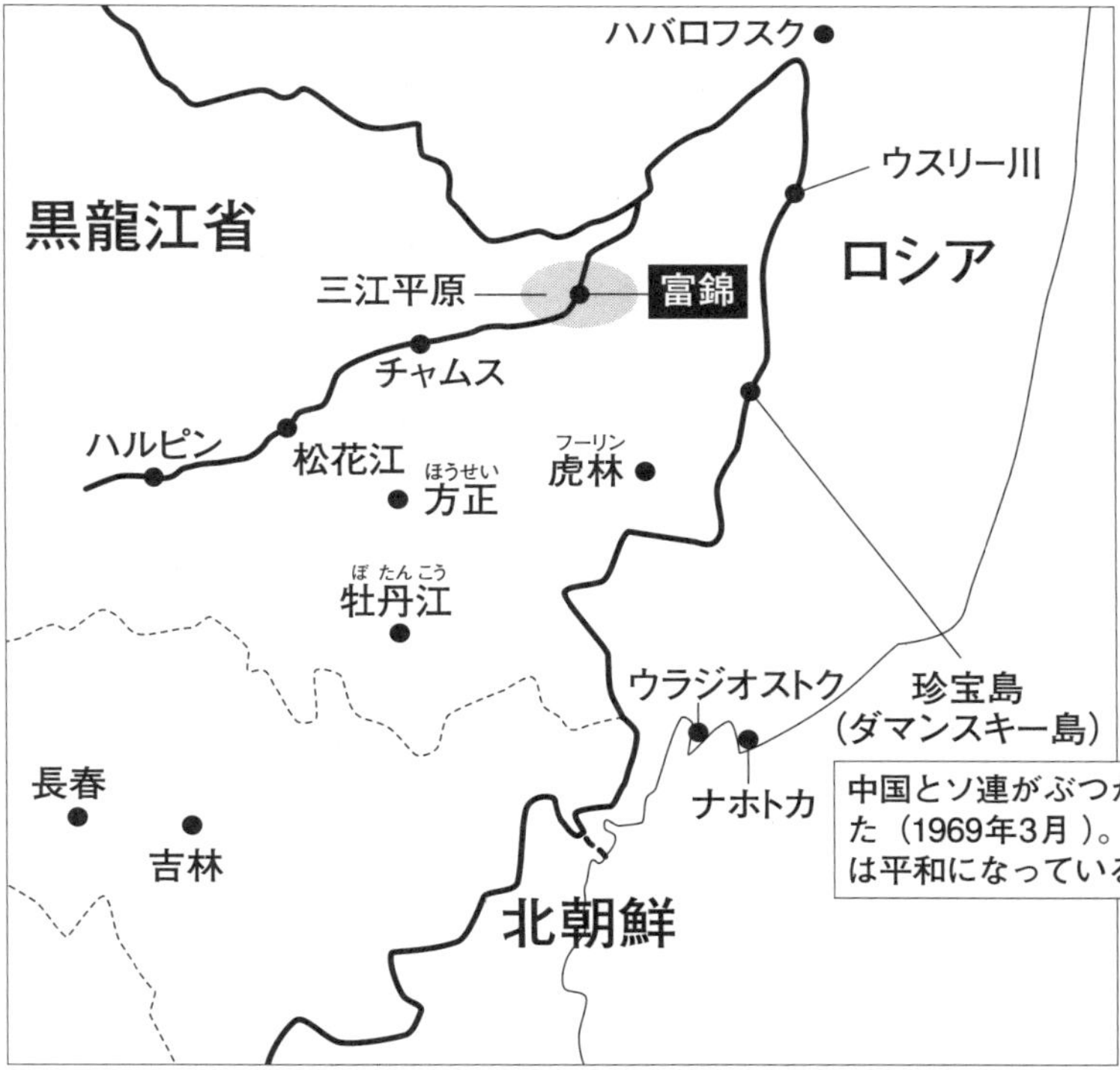

日本人が気づかないうちに日本の「コシヒカリ」と同じ品質の米が中国で大量に生産されている。富錦《フージン》市には松花江《しょうかこう》沿いの豊かな水がある。夏冬の大きな温度の寒暖差がおいしい果物と穀物を作る。

る」と決意したら、即断即決でそうするのである。本書P153の「小区《シャオチュ》」のところで書いたのと同じことが起きている。

だから今や中国で、日本の最高級品の米《こめ》であるコシヒカリが（おそらく高級和牛《わぎゅう》も）栽培され収穫され始めているのである。中国の米の産地は全土にある。元々は稲《いね》は熱帯性の植物だから、南の揚子江の方が米作地帯だろう。私もそう思っていた。ところが、日本の北海道産米であるキララや岩手産のヒトメボレなどと同じものを中国の東北三省《トンペイ》（旧満州）で作っている。だから最高級品の「魚沼産《うおぬま》」のササニシキも既に技術移転（悪く言えば泥棒）しているだろう。

その地は黒龍江省《ペイロンチー》の省都ハルビンから東に400キロ行ったところにある。富錦《ふうきん》という地方都市の農村地帯一体である。

この富錦市《フージン》だけで4000平方キロメートル（60キロ四方）の広大さである。富錦市のある三江平原《さんこうへいげん》は、日本でいえば関東平野全体ぐらいの広さだ。

この地図から分かるとおり、富錦市は松花江《しょうかこう》という大きな川の流域である。だからきっと水が豊富である。水田栽培《さいばい》はよい水が命である。P183の地図から分かるとおり下（南）の方に牡丹江《ぼたんこう》という都市がある。もっと下ると北朝鮮である。この辺りはすべてど

中国の東北三省（旧満州地域）

旧満州である上記の東北三省《トンペイ》の西側に広大な内モンゴルがある。

う考えても冬は零下30度の極寒の地である。ただし風が吹かないそうだから、強風さえなければ人間は極寒の大平原でも生きていけるそうだ。零下30度と聞くだけで日本人は尻込みする。しかしそこでも人々は元気に生きている。一年の半分は凍りついているだろう。しかしあとの半年で農作物を作って、豊かな実《みの》りを得て生きている。今の中国は30年前の極貧《ごくひん》の中国とはまったくちがうのだ。この牡丹江の名前は年配の日本人には戦前の「満蒙《まんもう》開拓団」の中心地としてなつかしい。

だが実際には、日本から来た満蒙開拓者たちは、富錦からもっと南の方正《ほうせい》という町（鎮《ちん》）にもたくさん住んでいたらしい（中国人が教えてくれた）。方正《ほうせい》県は中国残留孤児となった人々の悲しい話がたくさんつまった町である。日本人の子供たちが生きのびるために、両親と別れてここで満州人たちに売られて、買われていったらしい。

これらの北国の穀倉地帯は米だけを作っているわけではない。大豆《だいず》、じゃがいも、とうもろこし（食用と油）、赤豆《あずき》、ウリ、にんにく、さつまいも、たばこなどを作っている。豚、牛、鶏《にわとり》の飼育もしている。こうりゃん、ひえ、あわはさずがに今の中国でも主食にしない。

この富錦だけが日本米と同質の高級食用米を作っているわけではないだろう。カネにな

世界各国の貿易収支
（貿易黒字）（2011年）

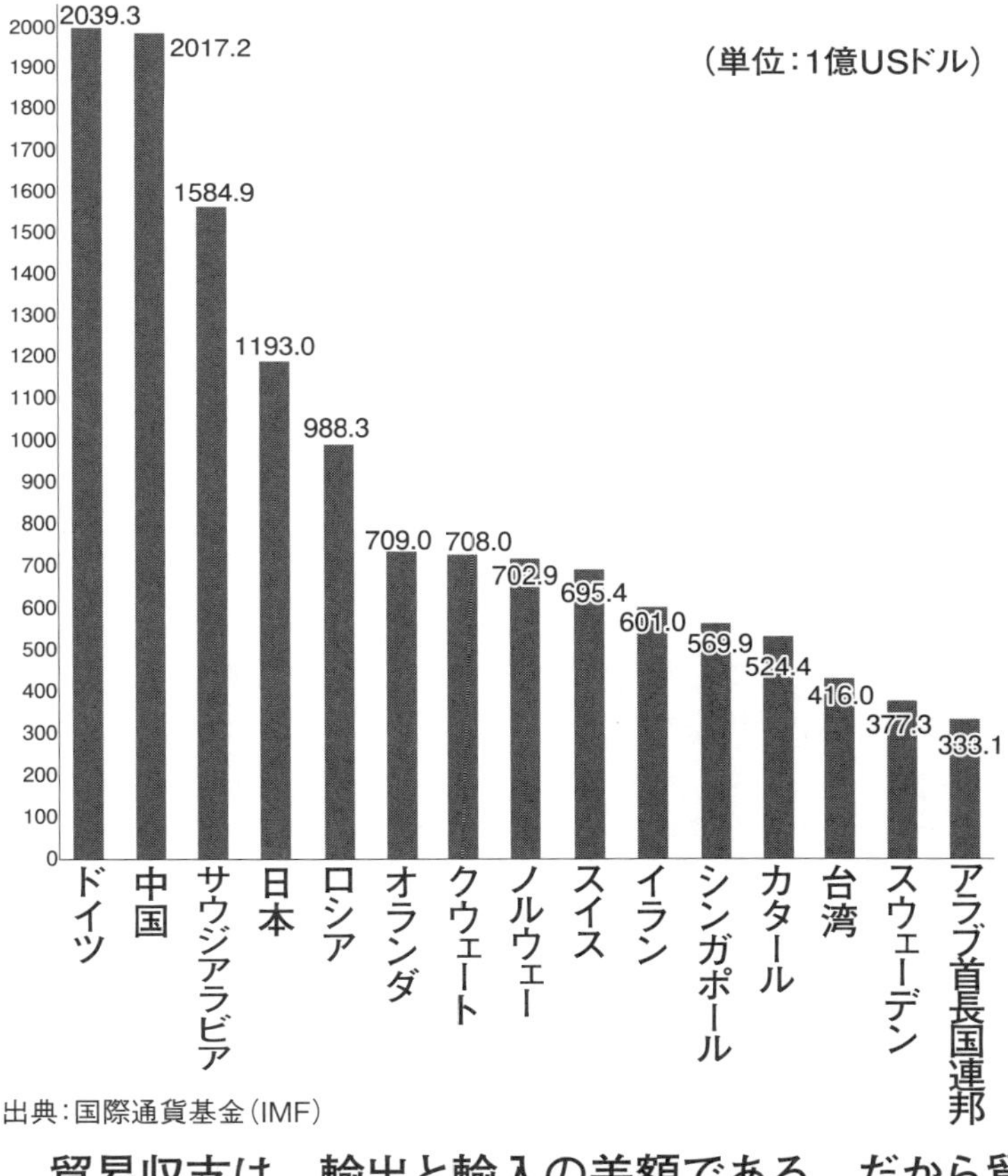

出典：国際通貨基金（IMF）

貿易収支は、輸出と輸入の差額である。だから貿易赤字の国はこの表には表われない。アメリカ合衆国は“巨大な赤字国”だから、威張っているくせにこういう表には出てこない。

るならみんな真似する。しかし、それでもここが高級米《まい》の重点的で主要な生産地らしい。

ここだけで日本全国の高級米（日本基準での一等米《いっとうまい》）の生産高よりもすでに多くを生産しているのではないか。私がこの事実を知ったのは青島市《チンタオ》に住む企業家の石井裕之氏からの情報である。彼は現地に行って限りなく広がる水田地帯を目撃している。彼からの通信文を載せる。


さて、私が今年（2012年）の3月に訪れたのは、黒龍江省の富錦（フージン）市という黒く肥沃な土地を持つ穀倉地帯です。小さな地方都市ですが、非常に広大な水田地帯が印象的でした。

また、この地方で生産される有機栽培の米は、中国の北京の政府高官たちの口に入るのだと地元の役人が得意気に説明していたのが印象的でした。

中国のインターネットを検索すると、先生が指摘されたとおり、北海道のジャポニカ米の生産技術がすでに中国に入っているようです。「星の夢」「コシヒカリ」「ひとめぼれ」などのブランド米です。お送りするのは黒龍江省の農科院《のうかいん》の論文ですから、日本の技術はすっかり吸収されてしまったとみて間違いないと思います。

最近、内モンゴルで世界最大級と言われる金《きん》の鉱脈が見つかりました。それにともない私営企業もここの金の鉱脈の採掘権を取得して、開発許可もどんどん下りているそうです。それに連れて中国の金の国内生産量が上がっているそうです。

うちのカミさんの友人が権利を持つ金鉱《きんこう》がありまして、そこの金の推定埋蔵量は50トンとのことです。

あらゆる分野で日本は追い抜かれる

この石井氏からのメールで分かるとおり、日本はもうすぐ米づくりでも中国に追い抜かれる。今の中国人の決断力と実行力のものすごさをナメていると、あと数年で決定的に日本人は自分たちの劣勢、劣等、高慢さを思い知らされるだろう。

アメリカが統制管理《コントロール》する日本のテレビ新聞が、私たち日本国民を洗脳するために「中国はきたない、恐い、気持ちわるい、人権無視」のキャンペーンにいつまでも無自覚につき合っていると、大変なことになる。

日本の超高級米の魚沼産《うおぬまさん》（新潟県）コシヒカリを日本から直輸入して、食べている富裕層の中国人たちがいたということは、中国人が即座に何を決断するかを考えてみればいい。そのとおり。「そのウオヌマ産コシヒカリ米と同じものを私が作ろう」と決心して、かつすぐに実行する。

米づくりは5000年前（8000年前の湖南州長沙《ちょうさ》市の馬王堆《まおうたい》遺跡の赤ゴメもある）から中国の技術だ。日本人に負けるわけがない。

同じく日本から冷凍空輸されている高級魚（1キロ3万円のオニカサゴとか）が、築地をはじめ日本の主要な魚市場でセリ落とされて大量に中国に直送されている。この事実も10年ぐらい前から漁業関係者たちが話していた。

中国人は川魚《かわさかな》しか食べてこなかった。海の魚を食べる習慣そのものが中国にはこれまでにない。まさかそんな、と思わないでいただきたい。中国の海岸線はまっすぐだから漁港が少ないのだ。日本列島こそはノルウェーなどと同じリアス式海岸の漁業の国である。だから日本から高級魚が中国に流出しているのである。中国人がついに海魚（内陸の川魚よりもおいしい）のおいしさを知ったのである。と言うことは、台湾、フィリピンだけではすでに足りず、養殖魚（マグロやヒラメやタイ）を主要な産業として、多島国のインドネシアがこれからは台頭してくるだろう。これらの養殖魚の主要な消費者はやがて16億人の中国人になる。中国向けの漁業の話はこの本ではしない。

着実な食糧増産計画によって物価が安定している

以上のことから、中国政府は、国家戦略《ナショナル・ストラテジー》としての食糧増産と食糧自給、すなわち「食糧安保《あんほ》（食の安全保障）」をほぼ達成したようである。私たちは、10年前は「中国は、小麦ととうもろこし（食用の他に家畜の飼料として）をアメリカ、カナダからの輸入に頼っている。だから戦争になったらアメリカに負けるのだ」と言われていた。ところが、すでにこの食糧不足の問題は、中国の農産物の計画的増産によって解決した。２０１２年も中国の農業は大豊作であった。だから２０１１年から中国の消費者物価は下がっているのだ。

■中国卸売物価３・６％下落　消費者物価は１・９％上昇に鈍化

中国国家統計局は15日、９月の消費者物価指数（ＣＰＩ）が前年同月比１・９％上昇したと発表した。８月の２・０％から伸びがわずかに鈍った。

品目別にみると、全体の３割を占める食品の上昇率は前年同月比２・５％。８月の３・４％から伸びが縮小した。夏の収穫を受けて生鮮野菜の伸びが11・１％に鈍化。中国の食卓に欠かせない豚肉は昨年の価格高騰の反動で17・６％下落した。食品以外は１・７％の上昇だった。

ＣＰＩ全体の１〜９月平均は前年同期比２．８％の上昇だった。政府の今年の抑制目標である４％前後の上昇率の範囲内に収まっている。

９月の卸売物価指数は依然としてマイナスが続いた。８月（３・５％低下）よりもさらに下落幅が拡大しており、昨夏から続く企業間の取引価格の低下傾向に歯止めがかかっていない。企業の生産活動の鈍化を反映している格好だ。

（２０１２年10月15日　日本経済新聞）

「中国の食品の物価高、インフレはひどい」と中国人でも困ってこぼしていた。ところが現在の中国生活の基本商品は安くなっている。世界中にある「１００円ショップ」（アメリカなら「１ドル《ワンダラー》・ショップ」）の製品のほとんどすべてを中国が作って輸出している。作らないものはない。雑貨類と食品が中心だ。かつ世界一安い値段で作る。ちょっとぐらい人民元高《じんみんげんだか》になっても応《こた》えない。

今まだ中国が輸入に頼っているのは大豆《だいず》である。それ以外の米、とうもろこし、小麦は国内自給できている。

何故大豆を増産しなかったのか？　その理由をみそ・しょう油の業界人から聞いた。それは、「大豆はみそ・しょう油、豆腐になるだけだから必須食料ではない。主食にならない」ので国家戦略として後回《あとまわ》しにされたらしいのである。だから中国の農産物では大豆だけが輸入品になっている。

私は同じくこの業界人（長野県善光寺の老舗のみそ蔵の経営者）に大事なことを聞いた。「本当においしい大豆は、日本産ではなく中国産である」そうだ。だから中国産の大豆を使ってみそ、醤油を作る方がおいしいものができるのだ。ところが取引先から「中国産の大豆では日本人は安心して食べられない」と、苦情が出た。それで仕方なく国産の大豆に替えたそうだ。この業界人には、とりわけ中国への思い入れはない。冷静な専門家としての意見である。中国産の大豆の方がみそ、醤油に向いている。それは日本のような幅の狭い島国の大豆よりも、中国の大陸の広大な土地でできた大豆の方が深い味わいがあるからだそうだ。

ここに、これからの農作物づくりにおける中国産品の大きな優位性がある。大豆だけではない。日本米のようなジャポニカ米（中粒米《ちゅうりゅう》）のコシヒカリは、タイ米などの南方熱帯の長粒《ちょうりゅう》米（インディカ米）とはちがう。日本で品種改良を何百年も続けたことで北方の寒い地域でも作れるようになった。だから今や、旧満州に日本よりも広大なコシヒカリ米の水田が広がっているのである。しかも味と品質の点からも、これからは中国産米《まい》が日本をしのぐだろう。

Ｐ１７８で書いたとおり、世界の貴金属類と鉱物資源と農産物の商品先物《さきもの》市場（コモディティ・フューチャー・マーケット）で、中国とインドとブラジルが価格支配力を持つことがはっきりしてきた。ヨーロッパとアメリカの没落は時間の問題だ。シカゴ・マーカンタイル取引所（ＣＭＥ《シーエムイー》）やＮＹのＣＯＭＥＸ《コメックス》もやがて落ち日になる。だから日本の米《こめ》の価格も、あと数年で中国が価格決定権を握るだろう。まさかそんなことはあるまい、とタカをくっているのは、自分の頭が曇《くも》っているからだ。

なぜ、中国の大陸の農作物や果物が、これからは高品質でおいしいものが大量に取れるようになるのか。その秘密は、温度の寒暖差の激しさにある。特に果物《くだもの》は、夏の暑い盛りには40度近い灼熱の太陽光の高温が必要だ。同じく冬には零下30度の極寒《ごっかん》が必要だ。この夏冬で温度差が70度もあることが、おいしい最高級品のももやりんごやぶどうを作るのだ。だから日本では、桃やぶどうは山形県と福島県そして長野県が最適の産地となる。北関東の栃木県、群馬県では冬のきびしい寒さが足りないので高級な果物はできない。

このことを中国の東北《トンペイ》地方（旧満州）に当てはめると、日本の米や大豆よりも自然条件から言っておいしいものが作れることが分かる。あとは水の質をよくするだけである。

旧満州は冬は零下30度になるから、とてもではないが普通の日本人には住めない（海岸沿いにある大連《たいれん》市なら大丈夫だ）。しかしこの極寒の地でも夏の8月だけはものすごい高温になるらしい。このことが農作物にとっての最適の環境である。水が解《と》ける4月に作付けして寒くなる9月までに収穫してしまえばいい。あとは半年間、凍土《ツンドラ》になっても構わないのだ。

ロシアの譲歩で中ソ国境問題も解決

この富錦《フージン》市よりももっと東の方に進むとＰ１８３の地図から分かるとおり、ロシア（の沿海州《えんかいしゅう》）と中国の国境線であるアムール川である。このアムール川の支流のウスリー川の珍宝島（ダマンスキー島）でロシア（ソビエト）と中国は、１９６９年3月2日に軍事衝突した。中ソ国境戦争である。このあと中国関係は長く険悪であった。そして35年後の２００４年になってようやく両国は国境紛争を話し合いで解決した。

ウラジーミル・プーチン大統領と胡錦濤《こきんとう》・国家主席両首脳による政治決着で、２００４年10月14日に、最終的な中露《ろ》国境協定が結ばれた。この協定では、アムール川とウスリー川の合流点部分では、タラバーロフ島の全域と大ウスリー島の西半分は中華人民共和国に帰属することが決まった。大ウスリー島の東部のハバロフスク市に面する部分はロシアに帰属することとなった。また内モンゴル自治区側のアバガイト島は中露両国に分割されることとなった。

中華人民共和国の全国人民代表大会の常務委員会は、２００５年4月27日にこの協定を批准《ひじゅん》し、ロシア連邦議会の国家院（下院）も続いて２００５年5月20日に批准した。批准書の交換は２００５年6月2日に完了し、双方の外相が署名を行った。ロシア連邦と中華人民共和国は、これを以って2国間におけるすべての国境問題は解決したと発表した。

同領土交渉で対象となった3つの島は、何れもロシア側が実効支配をしていたことから、ロシア側が大きく譲歩した面が目立ち、交渉経緯が断片的にしか伝えられていない事実がそのことを如実に物語っている。

このようにして中国両国は長年の懸案《けんあん》だった国境（線）問題（領土紛争）を解決した。「これをもって2国間におけるすべての国境問題は解決した」、「ロシア側が大きく譲歩した面が目立った」という表現になっている。国境問題が解決すると、政情《せいじょう》が安定するので国力《こくりょく》が増す。いよいよ経済成長に熱を入れることができる。２００４年にロシア（プーチン大統領）が大きく譲歩することで、ロシアと中国は国境（紛争）問題を大きく賢く解決したのである。

中国を封じ込めることはできない

実は中国はインドとの間でも、秘かに国境問題（１９６２年の中印《ちゅういん》戦争。１９７１年の印パ〈インド、パキスタン〉戦争）を解決しようと両国で熱心に交渉している。

ということは、中国にとっての南側の領土問題も解決に向かうということである。アメリカ（主にヒラリー・クリントンら凶暴なネオコン派）が、2011年4月のミャンマーでの政治の地殻《ちかく》変動で完全勝利した、ということも言えない。アメリカはミャンマーに大量に外資参入することができるようになったことで、「ミャンマーを中国から奪い取って西側（資本主義国）の一員にしたぞ」、あるいは「中国の〝真珠のネックレス〟（Pearl Necklece of China）をミャンマーでうち壊したぞ」と手放しでよろこんでいる。アメリカの戦略的勝利だと、アメリカは考えているようだ。

私はミャンマーのテイン・セイン大統領（軍政の軍人あがり）にしても、そんなに甘く考えていないと思う。

テイン・セインは、深く中国と今もつながっているはずだ。アウンチン・スーチーにしてもそうだ。必ずしもアメリカやイギリス（スーチー女史の夫はイギリス人で、おそらくイギリス情報部員だろう）の言いなりになる人ではない。何故、急にミャンマーは堰《せき》を切ったように自由化を始め外資の参入を認め始めたのか。それは中国が、そのようにしたら国が富むからと教えを諭《さと》したからだ。「ミャンマーも、中国がやったのと同じように欧米から資本を呼び込め。そして自国を豊かにせよ。国民の生活レベルを向上させよ。上手に外国資本を取り込んで経済成長せよ。そして、ゆくゆくはそれらの外国資本を自分のものにしてしまえばいい。私たち中国人がこの30年間に鄧小平戦略である〝改革開放〟でやったのと同じことをやりなさい」と中国が教えたはずなのだ。

「ミャンマーだってベトナムやインドと同じように、日本がくれるという高速鉄道（新幹線）と、原発を、タダ（開発援助）でもらってしまえばいいのだ」と中国が囁《ささや》いたはずなのである。

アメリカが敷いた中国封じ込め、中国包囲網（Containing Chaina　コンテイニング・チャイナ）の戦略は、はじめから失敗しているのだ。このように私は分析している。アメリカでさえ中国の巨大な成長を今も甘く見ている。中国の急激な富裕化を正しく研究し分析できていないのだ。中国の今の巨大な繁栄を測定する尺度を私たちはまだ持っていないようだ。アメリカ人が中国をナメて、軽く見下《みくだ》していた間に、中国（人）は、東アジア人特有のキメ細やかさと勤勉さで必要なすべてを手に入れた。中国は欧米日から、自分たちがどうしても必要な先端技術《ハイテクノロジー》はすべて盗み取って（技術移転して）しまったのである。

同じ東アジア人である私たち日本人にはこのことが半分、肌の実感で分かる。ヨーロッパ人やアメリカ白人たちにはこのことが今も理解できないようである。

世界最大の債権国・中国の戦略

中国政府は、現在、日本国債を3兆円ぐらい買って持っている。外貨準備（フォーリン・リザーブ）としてと、貿易（実需《じつじゅ》、実体経済）から生まれた利益（黒字）の運用先としてである。

中国政府は自己資金の運用先として米国債ばかりを持っていたくない。ヨーロッパ主要国の国債も買ってはいる。しかしヨーロッパ国家債務危機（ソブリン・クライシス）でいつ暴落するか分からないので、危険なので分散投資している。その分散投資先として安全資産（セキュア・アセット）である日本国債も買っている。

この「3兆円の日本国債」があまりに急に値下がり（円安で）するようだと、売り払うことを真剣に考えている。これは、中国はアメリカに対して「尖閣問題で日本を中国にあまりにけしかけることをすると、保有する米国債を売るぞ（米国債をニューヨークの債券《ボンド》市場で暴落させるぞ）」と軽く威嚇《いかく》しているのと同じことだ。この動きが次の新聞記事ににじみ出ている。ただし自然法則《ナチュラル・ラー》（市場のルール）に従って、「自分が買って持っているものが下落させられて損をさせられそうになったら当然売りますよ」と言っているのであって、ただ単に政治・外交のかけひきとして金融を手段に使おうというのではない。

中国人は「お金のルール」に忠実であり、正直である。だから下手《へた》なかけひきはしない。

■「弱い円」米中警戒　日本国債売りの誘惑

衆院選（12月16日）の直前、北京を訪れた日本政府の関係者は中国政府高官から質問攻めにあった。

「安倍晋三氏が首相になったら日銀の金融政策はどう変わるのか」「円安《えんやす》はどこまで進むのか」「日本の長期金利は上がるのか」。意外だったのは、安倍氏の対中姿勢を気にかける問いはほとんどなかったことだ。

11月16日の衆院解散のあと「安倍首相」が現実味を増すにつれ、市場の一部ではあるシナリオが語られ始めた。「安倍首相の誕生で、中国は保有する日本国債の売却に動く」。安倍氏が沖縄県の尖閣諸島をめぐる問題で強硬な発言を繰り返したからだけではない。日銀に大胆な金融緩和を迫り、円相場がにわかに円安方向を向き出したからだ。

２００８年秋のリーマン・ショックを機に、中国は3・2兆ドル（２９０兆円）の外貨準備の運用先を少しずつドルから他の通貨に振り分けてきた。特にギリシャの債務問題でユーロが危機に陥ってからは、日本国債など円資産を買い増してきた。

しかし円安になれば人民元建てでみた（買ってしまった）円資産の価値は、（自国の計算では）減る。安倍政権の下で円相場はどう動くのか。中国は尖閣問題での出方以上に、円安が気になる。

中国共産党の中枢にいるのは、日本人が考えるよりもはるかに利《り》にさとい人たちだ。行動の基準はただ一つ。共産党政権を維持するために有利か不利か。国全体の富を増やせるかどうかだ。

〈「政冷経熱《せいれいけいねつ》」の予兆〉

共産党はいまも、改革開放の生みの親である鄧小平《とうしょうへい》氏が唱えた「韜光養晦（とうこうようかい。能力を隠して力を蓄える）」と呼ばれる外交路線である。他国との摩擦をできるだけ避け経済建設に専念するという考え方だ。

鄧氏の正統な後継者を自任する胡錦濤《こきんとう》国家主席は「尖閣をめぐって本当は日本と事を構えたくなかった」（日中関係筋）とされる。それでも日本と対立する道を選んだのは、「日本が尖閣の国有化を急げば（中国国内の）反日世論を抑えられないというメッセージを発した。それなのに、野田佳彦首相が一顧だにしなかったから」だ。

野田氏への落胆が大きかった分、安倍氏への期待は膨らむ。「日中関係が戦略的互《ご》恵《けい》関係の原点に戻れるよう努力したい」。12月22日、安倍氏は関係改善に意欲を示した。中国の国営メディアはその内容を詳しく報じた。

中国側もシグナルを送る。「われわれはすでに日本側から請求を受けており、世界貿易機関（WTO《ダブルティオウ》）のルールにのっとって適切に処理する」。中国商務省は12月20日、日本政府が「（日本製の）高性能鋼管に対する中国のアンチダンピング（不当廉売）課税が不公正だ」として協議を要請したのに対し、（協議に応じる）短いコメントを発表した。

経済産業省の幹部が驚く。「政治的な対立があるなかで、中国がWTOのルールに基づいて日本との紛争を解決する姿勢を示した。数年前なら考えられなかった」。米欧の保護主義的な措置に対抗するために、日中がWTOで連携する場面が増えているという。

中国はここにきて日韓との自由貿易協定（FTA《エフティエイ》）交渉にも積極的だ。背景にあるのは、米国の主導で進む「環太平洋経済連携協定」（ＴＰＰ《ティピーピー》）の締結に（引用者註。中国はＴＰＰのことを「アメリカによる中国包囲網だ」と考えている）向けた動きだ。経産省幹部は「中国は日本がＴＰＰ交渉に加わり、米国との関係を強化することを警戒している」と分析する。

（２０１２年12月28日　日本経済新聞）

この記事は重要である。２０１２年12月16日に、ヒラリー国務長官が脳血栓《のうけっせん》で倒れた。すべての新しい動きはここから始まっている。この時から大きな変化が起きている。ヒラリーが倒れてからすぐに安倍首相の中国との仲直りの動き（少なくとも「撃ち方止《や》め」）が出ている。日本政府の中国への態度の急な軟化が見られる。日本の財界（経団連《けいだんれん》）の米《よね》倉弘昌《くらひろまさ》会長（住友化学会長）も、日本人の大企業はすべて中国（との）ビジネスに深く関わっているのだから、これで少しホッとしている。このあとも米中そして日中、そして日米の関係は「三つどもえ」で緊張したまま続いてゆく。私は、緊張緩和（話し合い路線）こそは大人の態度である、と言い続ける。

２０１２年末、11月14日に、急に決まった解散・総選挙（衆議院選挙。12月16日）は、野田佳彦首相というアメリカべったりで、アメリカの言うことなら何でも聞いた愚か者が、クーデターとして仕掛けた「政変」であった。あの日から奇妙に示し合わせたように、日本株（特に優良輸出株、ハイテク株）が急に一斉に上がりだした。あの選挙日本の本当の愛国政治家である小沢一郎が育てた若い政治家たちが、それこそバタバタとほとんどすべて落選してしまった。何とか難を逃れてズル賢く民主党に居残った者たちも多くが落選させられた。アメリカとその忠実な手先たちは、あそこまで見事に悪だくみを計画して実行するものである。この本の著者である私に対して、「副島さん、なんでそんなにあんたは小沢一郎の肩を持つのか。小沢は悪人じゃないか」と聞きたくなる読者がたくさんいることは私も分かっている。しかし私は、自分の本の読者たちにであっても遠慮したり阿《おもね》ったりしない。私は私の信じるところを書き続ける。

小沢一郎は「中国と戦争なんかさせられてはならない」と言い続けている正義の政治家である。

■小沢氏が石原氏攻撃「中国と戦争するのか」

日本未来の党の小沢一郎氏（70）が10日、衆院選公示後初めて東京都内で遊説を行った。ＪＲ十条駅前では、日本維新の会の石原慎太郎代表（80）を批判した。小沢氏は、核武装を主張する石原氏に対して「石原なにがしは、戦前の政治に戻そうとしている。中国と戦争するんですか」とけん制。維新が、自民党との連携をもくろんでいることについても「こんな筋道の通らない話はない」と怒りをあらわにした。

投開票まで1週間を切った後半戦。ついに〝選挙の小沢〟が本格始動した。公示日の今月4日、政治の師である故田中角栄元首相にならった「川上戦術」で、愛媛県久万高原町から遊説をスタートさせた小沢氏が、都内で第一声を上げた。

午後1時過ぎ、JR十条駅前に立った小沢氏は、犬猿の仲で知られる石原氏を痛烈に批判した。日本の発言力を国際的に高める手段として核武装の必要性を説く同氏に対し、「石原なにがしは、戦前の政治に戻そうとしている。中国と戦争するんですか。これは深刻な問題で危機的状況だ」と、聴衆に訴えた。

（2012年12月11日　日刊スポーツ）

私はこの小沢一郎による石原慎太郎への批判は正しいと思う。

去年2012年の4月から突如起きた「尖閣諸島の東京都による買い上げ」の石原の暴挙で計画的に尖閣諸島の領有権問題が火を吹いた。私は石原慎太郎という文学者あがりの政治家は、アメリカに操《あやつ》られて続けてきた、を通り越して本当は脅《おど》されてきた政治家だと思う。アメリカのある特定の勢力の命令に従って動くロボット人間だと思っている。

あのとき中国でビジネス（商売）をやっている大企業の経営者たちの多くが「石原さんには困ったものだ。あんな発言を繰り返したら日本は中国とぶつかることになるよ」と不快感を示した。

そしてこのあと9月15日、16日に本当に「中国での反日デモ」のかたちで大騒動になった。日系企業として中国に進出している日本の2万5000社（うち大企業4000社）の経営者たちは、声をひそめて、苦しそうに「困ったことになった。これじゃ、日本国内で中国の肩を大っぴらに持つことはできなくなったよ。うちの会社は中国で利益を出して生き延びているんだ。今さら東南アジアに工場を移せなんて言われてもそんなことが簡単にできるわけがない」と言っている。

そこへもってきて「中国（からの）〝撤退コンサルタント〟が急に人気が出ている」など囃《はや》されている。そんな話はウソだ。今のこの時期に中国からの撤退を発表している企業は元々やる気のない企業だ。「もう中国では儲からなくなった。早目に見切りをつけて、もっと低賃金の国に工場を移そう」と考え、決断した企業だ。それに対して中国全土に「サプライチェーン（商品の売れ先）」までを作り出し、利益を出している企業が、中国からの撤退などできない。……ただし、このあと本当に軍事衝突が両国で繰り返されるようになったら話はまた別である。

世界一の高層ビルを猛スピードで建設

中国にもうすぐ世界一の高層ビルが建つ。本当だ。そして本当にもうすぐ（2013年4月完成予定）である。ところが日本国内ではほとんどニューズになっていない。不思議な感じだ。なぜなのか。高さは838メートルで、220階建てだそうである。P211の画像（完成予想図）の通りである。私はこの情報を中国調査旅行から帰ったすぐあと（2012年10月末）に聞いた。こんなものを建てて果たして大丈夫か、安全性が心配だ、という声が世界中で上がっているようだ。日本の建築の専門家たちも唖然として、コトバも出ないのではないか。しかもこの超超高層のノッポビルを、当初の計画では、わずか半年（180日）で建てる、と言っていた。それが1年に延びたようだ。

だが、それでも驚くべき〝脅威〟の速さである。こんなことは中国人でなければできないことだ。私は、少ない情報でしか判断できないが、おそらくこの「世界一（を争う競争に勝ち抜く）高層ビルを中国が建てること」はうまくいくと思う。このビルは大丈夫だ（エレベーターだけで105本あるそうだ）と強気で判断した。その理由は、今の世界一の高層ビルであるドバイのブルジュ・ハリファ（828メートル）の設計図から重量計算から耐震性から何からかにまですべて中国は泥棒（技術移転）しただろうからだ。No.２は「最先頭を追っかけるだけ」だから真似をすればうまくいく。

■中国超高層ビルの驚くべき建築術　半年で838メートル…安全なの？

〈9日で4階、15日で30階、半年で220階〉

現在の世界一高い超高層ビルは、アラブ首長国連邦のドバイにあるブルジュ・ハリファだ。高さ828メートル。それを10メートル抜く超高層ビルの建設が中国湖南《こなん》省長《ちょう》沙《さ》で計画されている。計画しているのは中国の建設大手「遠大《えんだい》集団」。地上220階建てで、名称は「空中《くうちゅう》城《じょう》市《し》」。建設費は40億元（560億円。1元14円で）だ。オフィスや商業施設が入り、（2012年）年末までに完成させる予定。わずか半年ほどで超高層ビルができる計算だ。中国紙、東方早報《とうほうそうほう》が伝えた。

遠大集団は、短期間の工法での〝実績〟がある。15日間で30階建てのホテルや9日間で4階建てビルを完成させている。15日間でビルが建つ様子の動画はインターネットで約500万回も再生されているという。

なぜできるのか。それは通常、建設現場で行う工事の大半を工場で行い、現場では組み立てるだけだからだ。この「モジュール工法」と呼ばれる手法を採用している。イメージとしてはプレハブを組み立てる要領だ。

パイプとワイヤを組み込んだ広く、厚い床板《ゆかいた》を工場であらかじめ製造する。それを現場に運び、現場でそれを組み立て、つなぎあわせるという仕組みだ。工場での工程が9割を占める。ロイター通信の取材に対し、現場で働く男性作業員は「すべての作業員は（現場で）ボルトをしっかり固定するという作業だけだ」と答えている。

ちなみにブルジュ・ハリファが完成までに要した歳月は約6年。その差は歴然としている。遠大集団は1988年に、張越《ちょうえつ》氏（52歳）が3千ドルを元手に創業した。エアコン製造のメーカーで、世界の空港などに採用され、収益が約50億円に飛躍した。張越氏の独創的な事業展開は有名で、アップルの創業者、スティーブ・ジョブズを重

世界一の高層ビルが間もなく湖南省長沙《ちょうさ》に完成

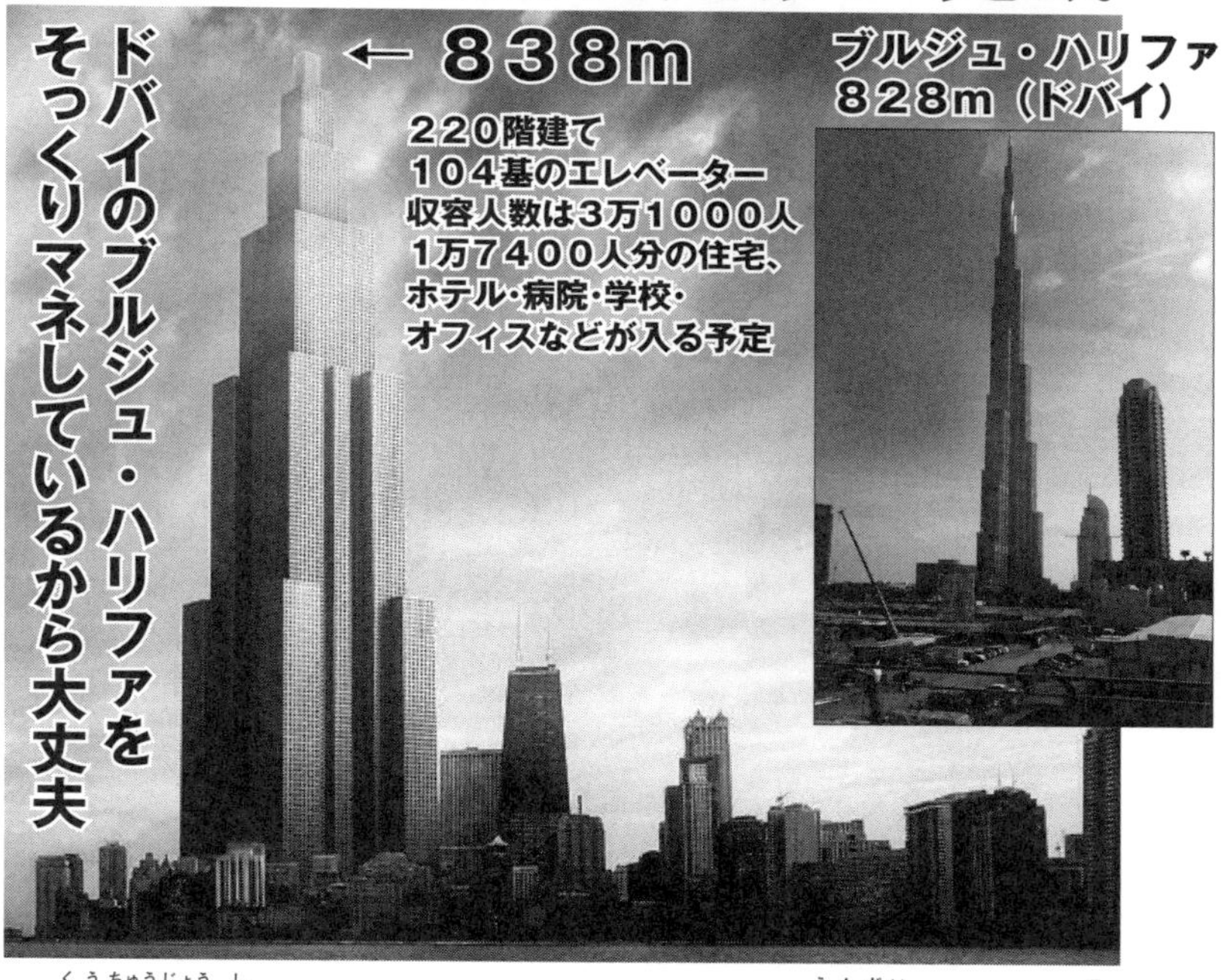

「空中城市《くうちゅうじょうし》」　中国の建設大手、遠大《えんだい》集団が湖《こ》南《なん》省長沙に工期わずか7カ月で完成を予定して建て始めた地上高838メートル、220階建ての世界最高層ビル。その完成イメージ図。

考えてみれば、ここまできたらもう世界歴史の必然として、中国が世界一のビルをすぐに建てるに決まっている。私は「やるだろう」と素直に喜ぶ。

ね合わせる人もいるという。

もっとも、これらの取り組みには「危うさ」を感じる。4階建てはまだしも、220階建てで果して安全なのか。専門家から「常識を超えている」と指摘されている。建築の素人の「常識」でも想像ができない。ましてやこんなビルには立ち入りたくない…。

（2012年7月7日　産経新聞）


このように、産経新聞は中国キライ人間の巣窟《そうくつ》の一つだから、記者はイヤ味を書いて「こんなビルには（私は）立ち入りたくない」と書いている。しかし、この態度や反応は明らかに中国への嫉妬《ジェラシー》が含まれている。いつものことであるが、日本人の大方の今の中国（人）への態度はしっとと、やっかみである。

今の日本人には本当に中国への大きな僻《ひが》み根性しかない。困ったものだ。中国に一度も行ったことがなく、かつ「あんな国に行きたくもない。嫌いだ」と顔を歪《ゆが》ませて言う人が多い。しかし一度でも、近年（この5年以内）の中国に行ったことのある人は、恐ろしいまでの中国の発展と成長に目を見張る。中国に行きもしないで、テレビ・新聞が計画的に日本国民洗脳として垂れ流す反中国のキャンペーン番組に乗せられて、「中国は穢《きたな》い、気持ちがワルい、信頼を裏切る民族だ」とオウム返しに言う。自分で現地（現場）に行って、真実を自分の目で見て、肌で感じて確かめるということをしようとしない愚か者の態度である。日本人に対するアメリカの手先メディア（テレビ・新聞）の反中国の煽動と洗脳は目に余《あま》る。余《あま》るを通り越して極限《ピーク》にまで達している。この大きな作為《さくい》が何かをきっかけに崩れ、かつ溶《と》け始めることを私は祈る。

この「空中城市《くうちゅうじょうし》」という世界一のビルがもうすぐできるのは、内陸部の都市である、湖南《こなん》省の省都の長沙《ちょうさ》である。きっと地震もなく上空に大きな風（気流）も吹かないところだろう。私はただ単に遠大集団という建設会社の社長が、時代の風に煽《あお》られて気合と勢いで建てるのだ、とは思わない。その背後には、「中国が世界一の高層ビルを持つのは当然（自然）である」という北京政府の後押《あとお》しがあるだろう。時代の趨勢《すうせい》である。

私がこの超ノッポビルは大丈夫だ（安全だ）と考える理由は、ドバイのブルジュ・ハリファの建築実例経験を、すべて後《あと》追いで手に入れて、綿密にまるまる真似して実行しようとしている、と分かるからだ。ブルジュ・ハリファは828メートルであり、それを「空《くう》中城市《ちゅうじょうし》」は10メートルだけ高くしてある。10メートルという高さは、てっぺんに取りつける鉄塔の高さの分だけでもできることだ。ということは、今の中国人の、「世界中の一番すばらしいものをすべて中国に持ち込む。真似して作ってしまう」という精神にピタリと合致する。

何事《なにごと》でも最先頭（最先端）を走るトップ・ランナーはきつい。その先に何かあるか分からないし、いつ崖《がけ》から落ちるか分からない。だから危険であり不安である。前人未到《ぜんじんみとう》を行く者の栄光と悲惨がある。しかし、あとから追いかけてゆく№2は安全だ。最先頭のあとをひたすら真似して追ってゆけばいい。どんな商売（ビジネス）でも、ビジネスならば2番手までは儲《もう》けが出る。しかし3番手からあとはもう分からない。3番目からあとは「その他大勢」であるから、厳しい競争の世界ではなかなか勝てない。私は今の中国人の気宇《きう》広大《こうだい》の方に賭ける。

第5章

日本と中国、そして世界の行方

「ヒラリーの終わり」、「日本を中国にぶつけさせよ」戦略の頓挫《とんざ》

「日本を中国にぶつけさせよ」というアメリカの戦略が頓挫《とんざ》したようである。それはもっぱらこの狂暴な政策を実行してきたヒラリー・クリントン前国務長官が、突然、2012年12月16日に脳血栓で倒れたからである。それで、急激に事態が変化しつつある。安倍政権に対して、アメリカは盛んに「撃ち方止《や》め」の合図（命令）を送るようになった。ここに到る「ヒラリーの終わり」の真相をここからじっくり書いて説明する。

「日本を中国にぶつけさせよ」という政策は、アメリカの東アジア（極東《ファーイースト》）での、勢力挽回、勢力盛り返しの動きである。ヒラリー・クリントンが親玉となってずっと推進してきた。これを最近の論文で「リバランス（rebalance　再均衡）」というコトバで表していた。このことはアメリカ海軍が、かつてやっていた台湾のすぐわきを通っているシーレーンまで、再びパトロール・ライン（遊弋線《ゆうよくせん》）を〝押し戻す〟ことを目指していた。それがリバランス（再均衡）である。

これは「中国封じ込め」（containing China　コンテイニング・チャイナ）戦略の一環で

ある。

アメリカの凶暴な〝女高官4人組〟

オバマ政権の2期目（次の4年間）のために、ヒラリーはその次（2016年）の大統領に自分がなることの布石《ふせき》として、自分の後任のステイト・セクレタリー（国務長官）に、忠実な子分であるスーザン・ライス（米国連大使。高学歴の黒人女性）を押し込もうとしてきた。それで米共和党の議員たちと激しい言い争いを米議会でやった。

〝凶暴な〟ヒラリーの忠実な、3人の女の子分が、政府高官となって2010年から実行していたのが、「アラブの春」Midell《ミドル》 East《イースト》 Spring《スプリング》だ。「アラブの春」は、「米軍を大部隊で何万人も直接、海外に投入しないで、もっと安上がりで軍事制圧ができること」を売り物にした。そしてアメリカの言うことを聞かない中小国で、民衆反乱や反政府運動を偽装した形で、アメリカにとっての反抗国家《ロウグ・ネイション》を政府転覆《レジーム・チェンジ》するやり方だ。この手法でチュニジア、エジプト、イエメン、リビア（カダフィ殺し）、そしてシリアとやってきた。この「アラブの春」作戦には、アメリカの特殊軍（スペシャル・フォース）という対ゲリラ戦用の非正規の要人暗殺部隊を投入する。ものすごく残忍《ざんにん》な軍事行動だ。

この凶暴なアメリカの外交政策《フォーリン・ポリシー》を推進してきたのは、ヒラリーの部下の3人の女性高官である。前述したスーザン・ライス（米国連大使）の他に、サマンサ・パワー（大統領上級顧問。米国家安全保障会議（NSC）メンバー）、アン・マリー・スローター（米国務省・政策企画本部長）の3人だ。

この強烈な女の4人組が、表面上は、アメリカン・デモクラシーを世界中に広め人権を尊重するとのフリだけはしながら、その実《じつ》、諸外国で残酷な非正規戦争を次々と引き起こしてきた。これは軍需産業《ミリタリー・インダストリー》にとって、ありがたいことだ。アメリカの軍需産業はとにかく武器弾薬、兵器類を世界中のどこかで消費してもらいたいのだ。アメリカ軍の正規軍の将軍たちは軍人労働組合だから、文句ばっかり言って金《かね》ばかり欲しがる。働きたくない。海外に派遣（出兵）させられることに飽《あ》き飽《あ》きしている。海外で人殺しをすることをしたがらない。文句ばかり言うこの軍人労働組合の米軍将軍たちを使わないで済ませたい。彼らを無視して、米特殊部隊とアラブ人からなる惨忍な傭兵部隊（マーシナリー）だけを動かして「安上がりで」外国に軍事干渉《インターベンション》するのが、〝ヒラリー4人組〟の女たちの政権転覆作戦であった。

これが12月16日のヒラリーのゲロを吐いての卒倒、脳血栓で、すべて終わった。アメリカ議会は「ヒラリー国務長官の4年間の米外交政策は、多くの誤りを起こし失敗であった」という結論を下した。12月19日に、米上下両院の外交委員会に独立調査委員会の報告書が提出され採択された。

■リビアの米総領事官襲撃、国務省に組織的な過失＝調査委

リビア東部ベンガジの米総領事館が（昨年9月11日に）襲撃された事件に関する独立調査委員会は、18日、「米国務省に組織的な過失があり、同総領事館の安全対策が不十分だった」とする報告書をまとめた。クリントン国務長官は、報告書の提案をすべて受け入れるとしており、報告書の厳しい指摘は、4年間のクリントン長官の任務に対する評価を損ねる可能性もある。

調査委は、報告書で、「国務省の近東局と外交保安局で組織的な過失や指導力と管理体制の欠如があったほか、当局者間の連携にも問題があり、外交政策と治安対策の責任者が誰であるのかなどについて『大きな混乱』があった」と指摘。この結果、「ベンガジの総領事館の安全対策は不十分であり、発生した襲撃への対応力は極めて不足

していた」とした。

ワシントンのシンクタンク、米戦略国際問題研究所（CSIS《シーエスアイエス》）のジョン・オルターマン氏は、「報告書はクリントン氏のみが批判の対象になったのではない」としながらも、「国務省の安全対策面での指導力などの欠如が指摘され、これはクリントン氏の任務領域となる（故に、クリントン氏の指導責任となる）」と述べた。

9月11日に発生した襲撃事件では、スティーブンス駐リビア大使と3人の大使館職員がロケット弾攻撃で死亡した。

（2012年12月19日　ロイター）


このようにヒラリーの責任が米議会で明確に追求され、決定づけられたのである。この12月18日の報告書の提出日からアメリカの外交政策《フォーリンポリシー》は大きく変更されることになった。東アジア（極東《ファーイースト》）においても、中国を軍事的に挑発する危険な手法は取らないことになったのだ。つまり「ヒラリーの狂暴路線の終わり」である。そしてヒラリーが倒れたのはこの直前である。

古村治彦《ふるむらはるひこ》氏の最近の著書『アメリカ政治の秘密　日本人が知らない世界支配の構造』（PHP研究所、2012年5月刊）に、「3人のヒラリーの子分の凶暴な女高官たち」のことを含めて、アメリカ政界の様子がくわしく解説されている。ぜひ買って読んでください。

この凶悪な〝アメリカ女高官４人組〟の背後には、当然アメリカの軍需産業界からの強い要請がある。「私たちの倉庫には兵器が山ほど溜まっている。この兵器の売り先、使い先を政府は作ってくれないと困る。５年も戦争をしないと兵器の在庫の山だ」と、軍需産業界からの戦争催促の動きが当然起きる。

このアメリカ帝国の軍事ビジネスのコンベアーの上に、今の日本もきちんと上手に乗せられている。岩国基地に配備したオスプレイを買え、PAC3《パックスリー》（北朝鮮のミサイルを撃ち落とすためのミサイル防衛網）を買え、もっと買え、ということになる。「北朝鮮からミサイルが飛んでくるぞ」と、どこが発信元か分からない情報を流して、日本国民を脅す。そうすることで商売にする。

なぜ、東シナ海と南シナ海で、日本軍とフィリピン軍とベトナム軍を、中国海軍と武力衝突させようとアメリカはするのか。それは、アメリカの軍人たちが戦闘をいやがるからだ。「オレたちはもう外国の戦場になんか行きたくない。まっぴら御免だ。誰がこんなイヤな仕事ばかりいつまでもやらされるか。金《かね》だけをくれ。軍を退役した後の年金をたくさんくれ」と言う。米軍自身がもう出撃したくないので、その代理をアジア人たちにやらせたいのである。

アメリカの属国である世界の各地域《リージョン》の現地人をけしかけて戦争をやらせようとする。買わせておいたアメリカ製の兵器をふんだんに消費させる。これがアメリカの手口だ。表面上は立派そうに見えるアメリカの外交戦略のこれが実態であり本音だ。

だから、今も沖縄の普天間基地にいる、８０００人の海兵隊の「グアムへの移転問題」（本当は、グアムのアンダーセン空軍基地に移転することにアメリカ国内では、５年前から決まっていた）も、その真実は、海兵隊員たちの「退職金をひとり30万ドル＝２４００万円ずつくれ。それを日本政府に払わせろ」という軍人労働組合のゴネ得《どく》問題なのだ。普天間問題の正体は、米兵たちの「カネくれ」問題だ。

次の２０１６年の米大統領選の最有力候補として、ヒラリーの名前が挙っていた。ところが、12月16日のヒラリーの発病ですべての流れが変わった。

ヒラリーが国務長官を辞任した理由

オバマが大統領選挙戦の終盤の、10月22日の第3回の候補者対決（ディベート）で、共和党のロムニーからの追撃をかわして逃げきったとされるシーンがあった。

ほんの瞬間のことだったので、私にもよく分からなかった。外交政策《フォーリンポリシー》を巡る議論の最中でのことだ。アメリカ政治分析の専門家であるこの私でさえも、この瞬間の重要性を理解するのにそのあと1カ月かかった。

どうやらアメリカ国民の間で、大統領選挙戦の最中の9月、10月に一つの大きな山場《やまば》があったのだ。

それはアメリカの金融・経済や雇用や景気回復の話ではなかった。

アフリカのリビアのベンガジ（首都トリポリに次ぐ都市）で、2012年9月11日に、駐リビア・アメリカ大使《アンバサダー》が襲撃してきた暴徒たちに殺されるという事件があった。この時に殺されたのはクリストファー・スティーブンズ駐リビアアメリカ大使である。この他に3人の側近も殺された。

クリス・スティーブンス大使は、リビアの民衆に殺され、何とその遺体が地面を引きずり回されたのである。この事件は、その前年の、2011年2月に最高指導者のムアンマル・カダフィ殺しへの復讐であった。アメリカ主導の〝アラブの春〟と呼ばれた「仕組まれた反政府運動」によって、カダフィが悲惨な殺され方をしたことへの、リビア民衆からの報復であった。

スティーブンスは、アメリカ国務省のエリート外交官である。リビアのアメリカ領事館《コンスレット》が民衆に襲撃されて、そこに立て籠っていた大使ら4人が殺されて、なんとその死体が路上で引きずり回されたのである。そのときの写真が即座にインターネット上に流れてしまった。これでアメリカ国民の多くの顔がひきつったのである。次の日からアメリカ議会で大騒ぎになった。しかし、この時からのアメリカ国内の異常な興奮は、外国人である私たちにはよく分からなかった。アメリカの外交官たちがリビアで殺されただけのことだ、と。

念を押すが、リビアで米大使が殺されたこの事件は、1年前の2011年10月20日に、リビア内陸部の町で逃避行の最中に襲撃されて殺された指導者カダフィの惨殺に対する報復、復讐劇だった。

多くのアメリカ国民がこのことをすぐに悟った。アメリカ人であればすぐに分かった。「ヒラリーに忠実な、テロ対策特殊部隊を指揮していた外交官を、リビア人のカダフィ派の残党たちが命がけで襲撃して殺したのだな。このクリス・スティーブンスはカダフィを惨殺したときの現地の責任者だ」と。

アメリカ国内の新聞には、どこにもあからさまにはことの真実は書かれなかった。あま

事件直後にネットに流出した画像

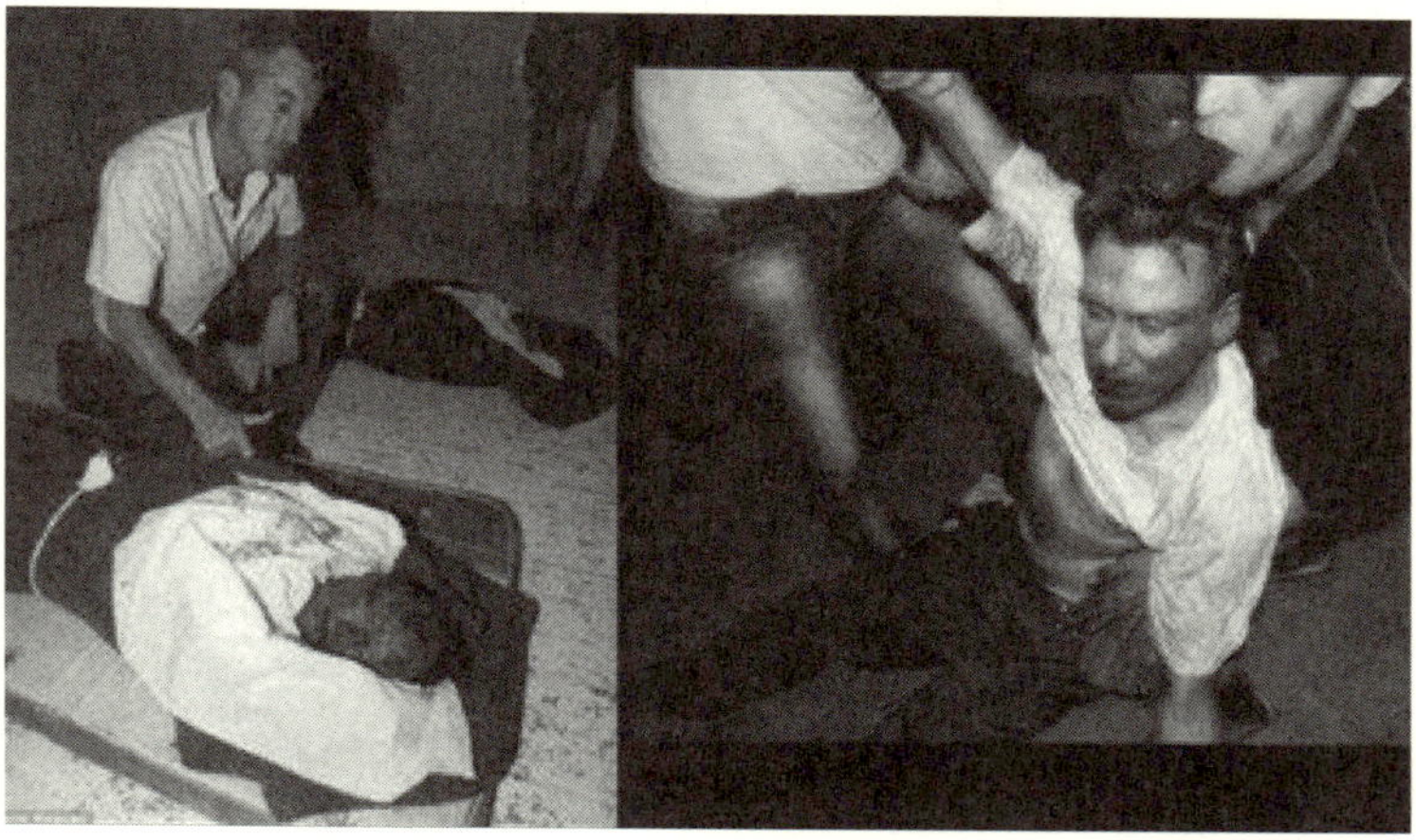

2012年9月11日に、リビアの第2の都市ベンガジのアメリカ総領事館が襲撃された。そしてそこで4人のアメリカ外交官と側近が殺された。写真は駐リビア大使のクリストファー・スティーブンス。1年前のカダフィ惨殺へのリビア人からの復讐、反撃であった。これで、スティーブンス大使の直属の上司であったヒラリー・クリントン国務長官の責任が米政界で追求され、窮地に立たされた。

りにも衝撃的だったからだ。アメリカ国民ならこのことが空気で分かる。特に公務員や軍隊経験者で外国で軍事行動や情報収集活動に当たった経験のある者たちなら即座に分かった。「オレもこんな目に遭うのか」と。だから、この直後からこの事件の責任問題がアメリカ議会で騒がれた。

前述したスーザン・ライス（米国連大使）が即座に、「リビアの米領事館襲撃は、突発的な民衆の暴動によるものだ」とウソの発表をしてしまった。

これでさらに大騒ぎとなって、米議会で、スーザン・ライスとヒラリー・クリントン国務長官を非難する声が大きくなった。12月中旬になっても騒ぎは続いた。「次の国務長官はスーザン・ライスにする」とオバマ大統領が言っていた。しかし、いくらオバマがヒラリーとスーザン・ライスの肩を持っても、議会の共和党（急先鋒はジョン・マケイン議員）が「ウソつきの就任を認めない」と強固に反対した。スーザン・ライスは12月13日に、「私は国務長官にはならない」と辞退表明した。

その前に前掲した記事のとおり10月19日に、ヒラリーが、ついに「この事件は私にすべて責任がある。私は国務長官を辞める」と発言した。これでオバマ政権の外交政策《フォーリンポリシー》の失敗はオバマ自身に責任が及ぶことがなくなった。これでオバマはこのあと10月22日のロムニーとの対論ディベイト戦で、苦境から逃げきった、とされる。

そして12月16日に、ヒラリー・ロダム・クリントンは脳血栓で倒れた。前述したとおり米議会に提出された調査報告書（12月19日に採択）で「ヒラリー・クリントン長官が行ってきた外交政策は大きな欠点を持っており、責任がある」とここで決議された。これを事前の16日に入手して読んだ直後に、ヒラリーは脳出血を起こして卒倒したのである。

それで、この翌々日の12月19日に、日本あやつり班の極悪人であるリチャード・アーミテージが、安倍晋三に言いに行って、Ｐ１０６で書いたとおり、「中国とはおだやかにやってくれ、それがアメリカの日本への希望だ」と急激に態度を軟化させた。自分たちの大親分（姉姐《あねご》）が倒れて、ワシントンの雰囲気がガラリと変わったからだ。

尖閣諸島の領有問題の唯一の解決法

本書の前の方のＰ18で書いたこととの続きを書く。

以下に書く尖閣諸島をめぐる紛争についての私の考えは、表題として『ヤルタ＝ポツダム体制が今の国際社会だ。日本はこれに従って平和に話し合いで解決すべきだ』論である。

ここで急に「ヤルタ＝ポツダム体制」というコトバが出てきてとまどう人が多いだろう。尖閣問題は1945年2月のヤルタ（会談）宣言に深く関わるのだ、と言われても、にわかにはピンとこないだろう。しかしこのヤルタ＝ポツダム宣言こそは、尖閣問題を正しく世界基準で理解する上できわめて重要なのである。このことを、私はこの「中国本5」で強く読者に訴える。

その前のカイロ会談（1943年11月）を含めて「カイロ＝ヤルタ＝ポツダム体制」こそは、尖閣問題の急所であり、核心点である。このことを、日本の歪《ゆが》んだ右翼（その実はアメリカの手先たち）たちは故意に無視して、触れないようにして逃げ回っている。愚かな日本政府も同じだ。バカみたいに何の根拠もなく「尖閣は日本の固有の領土だ」と言い続けている。国際社会では笑いものである。

カイロ＝ヤルタ＝ポツダム（宣言）体制こそは現在の世界体制であり、今の国際社会なのである。これに逆らったら日本は危ないのだ。日本は国際社会から孤立してはいけない。世界を敵に回してはいけない。この「ヤルタ＝ポツダム宣言」からすると「尖閣は中国のもの」となるのである。そのことをくわしく説明する。日本は世界（＝国際社会）の言うことに従って今の平和を守らなければいけない。ヒラリーたちのような凶暴なアメリカ人

カイロ会談のようす。ここで「戦後の世界体制」が決まった

写真提供：AP/アフロ

1943年11月25日に、エジプトのカイロで開かれた。左から蔣介石、ルーズベルト、チャーチル、宋美齢（蔣介石夫人）。スターリンはこのカイロ会談を引き継ぐ1年3カ月後の「ヤルタ会談」に出席した。ここで「戦後の世界体制」が作られた。日本はこの「カイロ＝ヤルタ＝ポツダム宣言」に従って今も生きている。

たちに煽動されてはいけない。ポイントフォームで書く。

① 1894（明治27）年の8月から日清戦争が起きた。日本が中国（清《しん》国）に勝利して翌年1895年4月の下関講話《こうわ》条約で「台湾、澎湖《ほうこ》諸島は日本に割譲《かつじょう》される」と決まった。この時に尖閣諸島も台湾の一部としてはっきりと日本の領土になったのである。

② それから48年後の1943年11月に、第二次大戦の枢軸《すうじく》側である日本とドイツ、イタリアの敗北がはっきりしてきてエジプトのカイロで「カイロ会談」が開かれた。P229の写真のとおり、(1)アメリカのルーズヴェルト大統領と(2)イギリスのチャーチル首相と(3)中国の蒋介石が会談した。ここで「日本が占領してきた台湾は、中華民国に返還する」と決まった。

③ この1年3カ月後の1945年2月に、ロシア・クリミア半島のヤルタで(1)と(2)に(4)ロシア（ソビエト）のスターリンが加わって「ヤルタ会談」を開いた。ここで、先の「カイロ宣言」の「台湾は中華民国に返還する」を再確認した。このヤルタ会談には(3)の蒋介石は参加していないが、ここでの連合（諸）国側の決議を蒋介石も承認した。

④ カイロ会談を引き継いたヤルタ会談の合意事項として日本に対する処分を具体化し

たのが、「ポツダム宣言」The《ザ》 Potsdam《ポツダム》 Declaration《デクラレーション》である。ポツダム宣言は、１９４５年7月26日に発せられた。このあと日本政府がグズグズして判断を遅らせたので、広島、長崎に原爆が投下された。

ポツダム宣言に連合諸国《ユナイテッド・ネーションズ》は、「日本カイロ会談で決めたこと（カイロ宣言）を受け入れて実行すること」「日本の主権がおよぶのは北海道、本州、四国、九州および連合諸国側が決める諸島に限定する」と明記した。日本は8月15日にこのポツダム宣言を受諾して、降伏文書に調印した。

この戦後世界体制による決定である台湾および澎湖諸島が中国に返還されることを、日本政府は受け入れた。

このことは１９５１年9月の「サンフランシスコ講和条約」でさらに明確となった。

⑤　今の日本の外務省は、「尖閣諸島は、下関条約で割譲された台湾と澎湖諸島には含まれない」と主張している。だが、世界の見方は、台湾と澎湖諸島は日本が植民地として占領していた地区であり、尖閣諸島は台湾諸島の一部と認定されている。だから、日本から取り戻された尖閣諸島は台湾（中華民国、蒋介石総統）という国の主権 sovereignty《ソブリーンティ》に属した。

⑥　さらに時代が下って、1972年（昭和47年）5月15日に、日本とアメリカ合衆国の「沖縄返還協定」に基づいて沖縄の「施政権《しせいけん》」がアメリカから日本に返還された。この時、南西《なんせい》諸島の一部である尖閣諸島の「施政権」も日本に移った。アメリカ軍が管理していた尖閣諸島と海域が、沖縄県の一部として、「施政権」が日本に国に移転した。

沖縄を含む南西諸島（八重山《やえやま》列島など）は、サンフランシスコ平和条約（1951年9月）でアメリカの施政下に置かれていた。この海域はアメリカ海軍の管理・パトロール（遊弋《ゆうよく》）下にあった。この施政権（管理権）なるものが日本に移されたのである。しかし尖閣諸島の主権は④で書いたとおり、「カイロ＝ヤルタ＝ポツダム宣言」によって台湾（中華民国）に属する。それ以来、日本の海上保安庁が尖閣諸島を実効支配（effective《イフェクティブ》 control《コントロール》　事実上の支配のこと。権利の適正、違法を問わない）して今に至っている。

この施政権 administration《アドミニストレーション》 right《ライト》 というのは、主権ではない。前述したように主権（国家主権）とは、国の所有権のことである。尖閣諸島の主権（所有権）は、やはりどう考えても台湾に帰属していた。

これがヤルタ＝ポツダム体制から生まれた現在の世界秩序による判断である。このことをアメリカ国務省もよく理解している。

⑦ この前の1946年6月から、中国で「国共内戦《ないせん》」が起きた。3年続いた内戦に敗れた蔣介石（中華民国）は台湾に逃れた。

1949年10月1日に、北京で毛沢東が、中華人民共和国の建国を宣言した。

⑧ それから22年経《た》って、1971年に、中華人民共和国の国連（連合諸国《ユナイテッド・ネイションズ》）への加盟が国連総会で承認された（10月25日）。世界中から恐れられた「共産中国」の中国内での度重《たびかさ》なる民衆虐殺事件がいくつもあった。しかし、そのことと国際社会は別である。その国の国内での騒乱、大事件と、国際社会は冷静に別ものである。国際社会は中国を温かく迎え入れた。連合諸国（国連）が中華人民共和国を正式な中国政府と認めた。この時、台湾（中華民国）は国連から追放された。国家として認められない。これで中華人民共和国が中国の正統《レジティマシー》な政府となった。

⑨ 中華人民共和国政府は、台湾のことを「台湾省」であり中国の一部だと考えている。またそのようになりつつある。すると、この台湾省の一部である尖閣諸島も中国の一部なのである。このように「ヤルタ＝ポツダム体制」が現在の国連体制であり、世界秩序である。日本は世界を敵に回してはならない。**故に、尖閣諸島は中国に帰属するのである。**

了

あとがき

この本は私の中国研究の本の5冊目である。だから内輪《うちわ》では「中国本5」と呼んでいる。

この本では重慶・成都への調査旅行の成果を素《もと》に書いた。それでも尖閣《せんかく》諸島の領有権（主権）の紛争がどうしても全体に色濃く出ている。すでにこの問題は日本と中国の深刻な国際政治問題になってしまった。地政学《ちせいがく》（ジオ・ポリティックス Geo-Politics）の観点からは、衝突するべくして衝突せざるを得ない問題である。国家主権《ソブリーンティ》を前提とする冷酷な視点に立つならば、すべては、「喰うか喰われるか」である。王様《キング》（国王《モナーク》）という歴史上の残忍な暴力団の親玉たちの視点から見れば、すべての利権（利益）は奪い合いである。

この国家主権という欲望主体は、リヴァイアサン Leviathan というどう猛な野獣《やじゅう》であって、人間たちを大量に次々に取って喰う生き物である。国家間の争いに翻弄《ほんろう》される個々の人間、とくに経営者たちにとってはたまったものではない。

私は、この政治紛争にすでに巻き込まれてしまっても、それでも大きな経済法則に従って中国に進出してゆかざるを得ない、そして現に進出している日本企業2万5000社の、おそらく400万人はいる日本人社員たちの苦しい立場への理解と共感をつねに念頭に置いてこの本を書いた。何があろうがこれからもどんどん伸びてゆく中国の巨大な経済成長に寄り添って生きてゆく、と決めた人々の人生選択は決して間違っていない。繁栄するほうに近寄っていかない者は衰退し、没落するのである。

私は中国の全土に、そしてアジア諸国に社命《しゃめい》で派遣されていく日本人技術者、ビジネスマンたちへの熱い共感と激励の気持ちを込めてこの本を書いた。

この本の中でも書いた「馬賊の歌」（大正11年作）（P72）も、決して始めは中国、満蒙《まんもう》を侵略しようとして日本人に慕《した》い歌われたわけではなかっただろう。「俺も行くから君も行け　狭い日本にゃ住み飽いた　海の彼方にゃ支那がある　支那にゃ四億《しおく》の民が待つ」の心意気で「アジア人どうし戦わず。戦争だけはしてはならない」の旗を揚げながら、アジア人の団結を、私は死ぬまで唱え続ける覚悟です。

この本も伴走者であるビジネス社岩谷健一編集長と「反中国の嵐」が吹き荒れる苦しい時期を耐え抜いて、できあがった。記して感謝します。

2013年2月1日

副島隆彦

巻末付録　主要な中国株の代表的銘柄30

■中国最大の都市銀行(メガバンク)

中国工商銀行(チュウゴククコウショウギンコウ)

01398　銀行　メインボード

現在 **5.85HKD** (2013/1/14)

年間値上率 **16.90%**

資産総額で中国国内最大の商業銀行。時価総額は上場銀行で世界最大を誇る。12年6月末の預金残高は13兆1806億元、貸出残高は8兆4240億元に上る。営業拠点は国内1万6825、海外252カ所(12年6月末)。日本でも東京と大阪に支店、池袋に出張所が開設されている。株式の70%は中国財政部と政府系投資ファンドが所有している。

■外国為替の専門銀行から発展

中国銀行(バンク・オブ・チャイナ)

03988　銀行　メインボード

現在 **3.70HKD** (2013/1/14)

年間値上率 **23.33%**

1912年設立。中国の4大国有商業銀行のひとつ。12年6月末の預金残高は9兆482億元、貸出残高は6兆7537億元。店舗は国内1万453店、海外599店(12年6月末)。日本にも東京、大阪、名古屋、横浜に支店がある。長く外国為替専門銀行としての役割を果たし、貿易決済業務では中国最大手。

■国内第2位の商業銀行
中国建設銀行（チュウゴククケンセツギンコウ）

00939　銀行　メインボード　**現在 6.59HKD** (2013/1/14)

年間値上率 **14.99%**

中国工商銀行、中国農業銀行、中国銀行と並ぶ中国4大国有商業銀行のひとつ。資産総額で国内2位。12年6月末の預金残高は10兆9400億元、貸出残高は6兆8800億元。営業拠点は国内1万33873カ所（12年6月末）。海外ではニューヨークや東京などにも拠点を置く。バンク・オブ・アメリカと戦略提携関係にある。

■売上高世界1位のゼネコン
中国鉄建（チャイナ・レールウェイ・コンストラクション）

01186　建設　メインボード　**現在 9.40HKD** (2013/1/14)

年間値上率 **109.58%**

鉄道、道路、橋、港湾など、中国のインフラ設計・建設の最大手。人民解放軍系列の中国鉄道建築から独立して2007年11月に設立。米業界誌ENRの11年版建設会社売上高番付で2年連続世界1位となった（09年は4位）。事業地域は、中国全土と世界60あまりの国・地域に及ぶ。12年6月末の受注残高は1兆2899億元。

■アフリカへも進出する民間最大手の建設会社

宝業集団(バオイエ・グループ)

02355　建設　メインボード

現在 5.75HKD (2013/1/14)

年間値上率 **63.13%**

浙江省を本拠地とする中国トップクラスの民間建築企業。都市開発や公共建設、工業団地造成など建築工事の請負や施工、建築材料の研究開発・生産、不動産開発まで手広く行う。12年6月期の建設中物件は、公官庁・公共施設が32%を占める。国内の事業エリアは長江沿岸部が中心。アフリカ諸国でも事業を展開する。06年から大和ハウスと業務提携。

■中国最大手の生保

中国人寿保険(チャイナ・ライフ・インシュランス)

02628　保険　メインボード

現在 26.50HKD (2013/1/14)

年間値上率 **35.79%**

中国最大の生命保険会社である。12年上期の国内生保市場シェアは32%ある。68万人の保険外交員を抱え、販売代理店は9万6000カ所を数える。個人向け、団体向け生保業務を主に手がける。12年6月末の運用資産は1兆6617億元に上る。香港、ニューヨーク、上海に重複上場している。

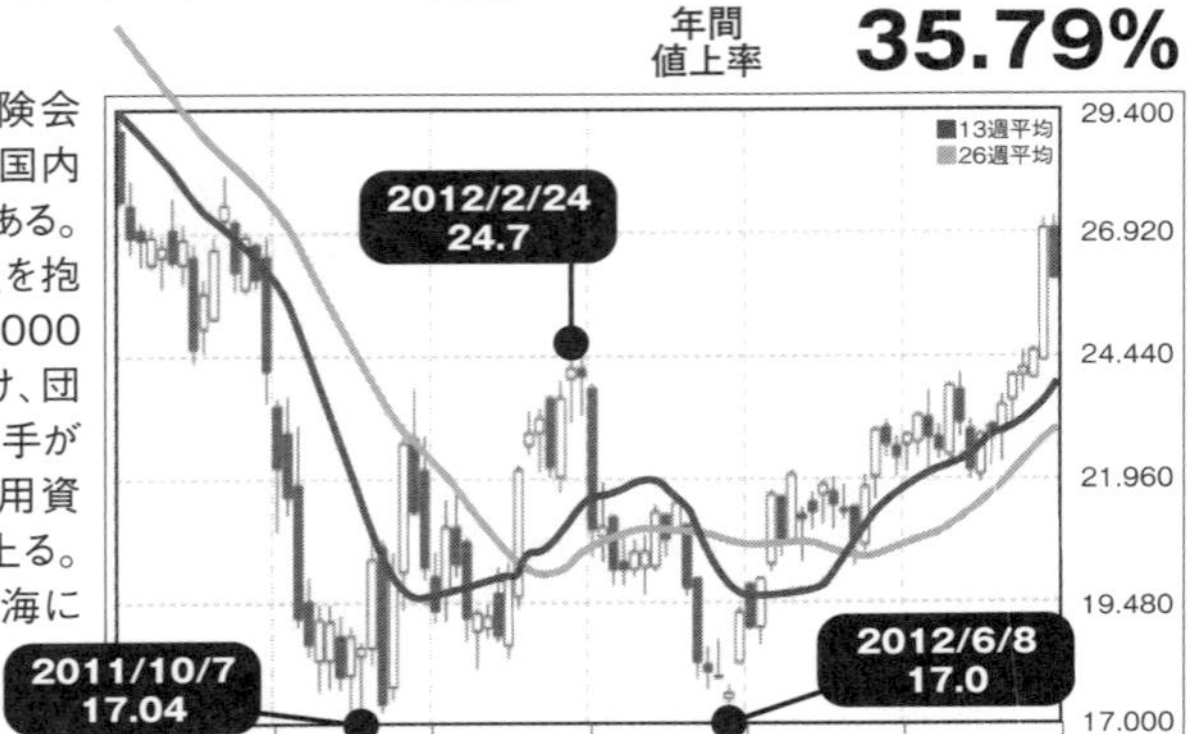

■国内第2位の生保大手
中国平安保険(ピンアン・インシュランス)

02318　保険　メインボード　**現在 68.90HKD** (2013/1/14)

年間値上率 **33.01%**

保険大手では唯一の私営企業。筆頭株主はHSBC(香港上海銀行)。保険だけでなく、銀行、証券など総合的に金融サービスを展開している。11年上期の保険料収入シェアでは生保14%、損保17%でいずれも国内2位。HSBCが世界的に進めるリストラの一環としてタイ財閥チャロン・ポカパンへの平安保険株売却を計画していると報じられた(13年1月)。

■中国3大石油メジャーの最大グループ
中国石油天然気(ペトロチャイナ/CNPC)

00857　石油・石炭　メインボード　**現在 10.84HKD** (2013/1/14)

年間値上率 **1.10%**

原油・天然ガスの探査・生産で国内最大。精製、加工、輸送、貯蓄、販売も手がけ、国内におよそ1万9000軒のガソリンスタンドを有する。ガソリンの小売り販売シェアは国内39%。傘下の確認埋蔵量は原油111億バレル、天然ガスが67兆立方フィート(11年末)。世界各地で探査・開発を進めている。

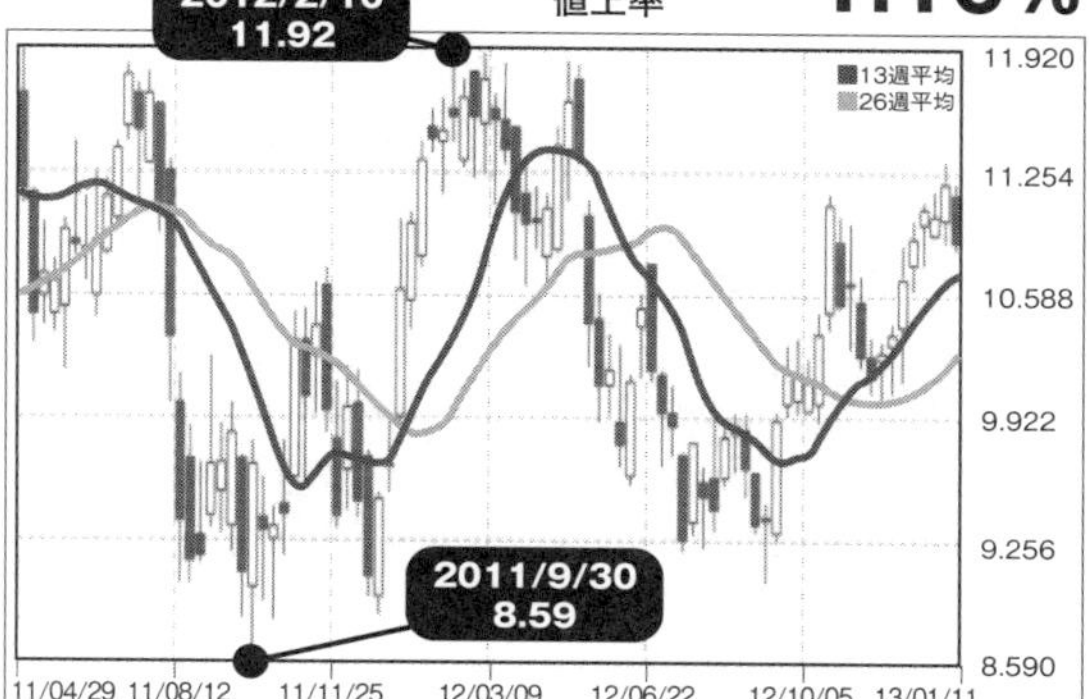

■中国石油メジャー第2位
中国石油化工(シノペック／CPC)

00386　石油・石炭　メインボード　　**現在 9.20HKD** (2013/1/14)

年間値上率 **3.49%**

原油・天然ガスの探査・生産、パイプ輸送から、石油精製、原油・天然ガス、精製油の販売、工業用化学加工製品の製造・販売まで手広く手がける。ペトロチャイナに次いで国内2位の石油メジャー。原油の確認埋蔵量は39億6600万バレル(11年末)。前CEO蘇樹林(そじゅりん)は福建省省長に転出した。資源派の旗頭と目されている。

■中国石油メジャー第3位
中国海洋石油(シノック／CNOOC)

00883　石油・石炭　メインボード　**現在 16.20HKD** (2013/1/14)

年間値上率 **7.00%**

海底油田やガス田の探査・開発、原油の生産販売を手がける。天然ガスの生産では国内1位。中国近海の他、インドネシア、ナイジェリア、オーストラリア、アメリカ、カナダなどでも事業を展開する。11年末時点の確認埋蔵量は31億9000万バレル(石油換算)。CEOの王宜林(おうぎりん)は紛争地にも積極的に進出する「資源派」の一人。

■中国最大の石炭会社
中国神華能源(チャイナ・シェンフア・エナジー)

01088 石炭 メインボード **現在 32.80HKD** (2013/1/15)

年間値上率 **−5.61%**

石炭生産量は中国第1位で、世界でもトップクラス。石炭の生産、販売から輸送、発電まで手がける総合エネルギー会社。内モンゴル自治区と陝西省に3鉱区を有し、可採埋蔵量は125億トン(12年6月末)。鉄道5本、港湾2カ所の輸送網を持つ。華北地区を中心に21カ所の発電所を保有(11年末)する。主な輸出先は日本、韓国、台湾。

■中国の鉄鋼最大手
鞍鋼(アンガン・スチール)

00347 鉄鋼・非鉄金属 メインボード **現在 6.40HKD** (2013/1/15)

年間値上率 **5.79%**

生産拠点を遼寧省の鞍山と営口に置く総合鉄鋼メーカー。主な事業は、熱延ロール、冷延鋼板、亜鉛メッキ鋼板、シームレスパイプ、ワイヤー、プレート、大型鋼材、ビレットの製造・販売。家電、船舶、コンテナ用鋼材の供給率で国内1位、自動車用薄板で国内2位。輸出量は総生産額の9%。11年9月、H株指数構成銘柄から外された。

■中国政府系の大手デベロッパー 中国海外発展(チャイナ・オーバーシーズランド)

0688　不動産　メインボード　　**現在 27.70HKD** (2013/1/15)

年間値上率 **86.29%**

実質の親会社は国務院直属の中国建築工程総公司である。香港、マカオ、広州、上海、北京、四川省成都、江蘇省南京、江蘇省蘇州など中国の主要都市でビル建設、土木工事、関連プロジェクト管理などを行う。12年上期には、四川省成都、広東省仏山、香港に大規模な開発用地を取得した。

■不動産デベロッパー中国最大手 万科企業(バンカ)

200002　不動産　深圳B株　　**現在 12.50HKD** (2012/12/25)

年間値上率 **0.00%**

中国最大規模の不動産開発会社。珠江デルタ、長江デルタ、環渤海湾地域の3大経済圏を中心に不動産開発、不動産管理、投資コンサルティングを行う。中小規模の普通住宅の販売が90%を占める。ここ数年は中国不動産企業ベスト100でトップを維持。広州市の開発用地を13億元で落札するなど、12年下半期も積極的に開発用地の買収を進めている。

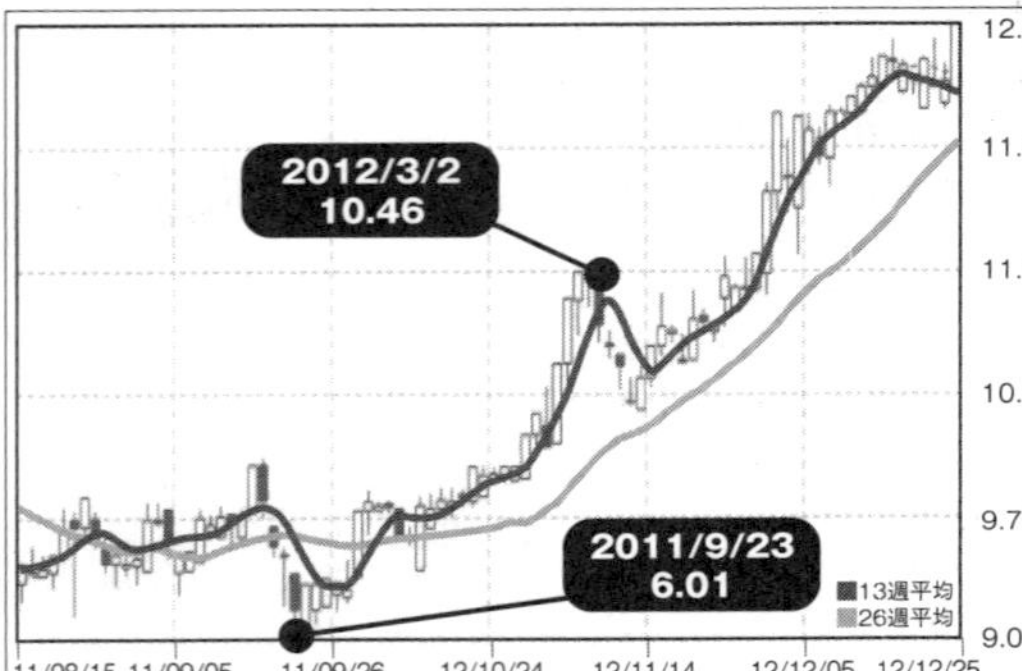

■開発販売からホテル事業まで手がけるデベロッパー
華潤置地（チャイナリソーシズ・ランド）

01109　不動産　メインボード　　**現在 23.15HKD**（2013/1/15）

年間値上率 **80.86%**

国務院直轄の中国政府系である華潤（ファルン）グループ傘下のデベロッパー。不動産開発、販売を主力とする。建設、内装、ホテル事業も手がける。北京、上海など全国39都市で事業を展開する。賃貸事業にも力を入れ、保有する物件の総面積は187万㎡（12年6月末）。代表的な物件に北京華潤大厦、瀋陽華潤中心などがある。

■中国最大の重電メーカー、中国の日立
上海電気集団（シャンハイデンキ）

02727　機械　メインボード　　**現在 3.59HKD**（2013/1/15）

年間値上率 **−4.26%**

ボイラーやタービンから、エレベーター、重機、ディーゼルエンジンなど幅広く製造販売を行う中国最大の重電メーカー。売上げの6割は火力・原子力などの発電設備が占める。太陽光発電設備事業からは撤退する一方、風力、原子力発電などの新規事業を強化している。08年、上海市場に重複上場した。

■中国の最大手家電量販チェーン
蘇寧電器（ソネイデンキ）

02027　小売　深圳A

現在 **7.44CHY** (2013/1/15)
年間値上率 **−5.98%**

96年、南京でのエアコン販売から事業を立ち上げ、現在、中国の最大の家電量販チェーンとなった。ラオックスの買収、食品流通のマルエツとの合弁など、日本企業を次々と飲み込んでいる。全国190都市に941店舗を展開している。CEOの張近東（ちょうきんとう）は政治協商会議委員を務めている。

■中国のNTT
中国電信（チャイナ・テレコム）

00728　通信　メインボードド

現在 **4.35HKD** (2013/1/16)
年間値上率 **3.55%**

固定電話で中国第1位。国際電話サービス、携帯電話事業、ブロードバンド事業、情報サービス事業も展開する。ブロードバンド事業は世界最大規模。98年に移動電話部門を分離したが、政府主導による業界再編で、08年に再び携帯電話部門へ参入した。契約数は固定電話1億6700万件。携帯電話は1億4400万件で国内シェア14%（12年6月末）。

■中国のドコモ
中国移動（チャイナ・モバイル）

00941　通信　メインボード

現在 **87.55HKD**（2013/1/16）
年間値上率 **15.60%**

中国電信から98年に分離独立した。国内シェア65%を誇る携帯キャリアの中国最大手。携帯電話契約数は6億8300万件（12年6月末）と世界でも最大規模。08年固定電話3位の中国鉄通集団を吸収合併した。09年には台湾第3位の携帯電話会社に出資して、台湾へも進出した。10年は決済業務の拡大にともない上海浦東発展銀行と資本提携した。

■携帯ビッグ3の一角
中国聯通（チャイナ・ユニコム）

00762　通信　メインボード

現在 **12.92HKD**（2013/1/16）
年間値上率 **−17.05%**

中国移動（チャイナ・モバイル）、中国電信（チャイナ・テレコム）に次ぐ売上中国第3位の通信キャリア。携帯電話契約数では2億1900万件と中国電信を抜き、第2位（12年6月末）となった。主な事業は、携帯電話、固定電話、インターネット通信網の展開。中国で最初にiPhoneを導入した。

■政府直系の流通大手
華潤創業（チャイナリソーシズ・エンタープライズ）

00291　コングロマリット　メインボード　**現在 27.00HKD**（2013/1/16）

年間値上率 **−1.98%**

国務院直属の華潤（ファルン）集団傘下。09年までに石油製品販売、紡績、コンテナ事業などを売却して小売、飲料製造、食品加工に経営を集約した。小売事業は「華潤万家」ブランドでスーパーマーケット、コンビニを中国全土と香港で展開している。製造しているビール「雪花」ブランドは国内シェア22%、売上げ国内1位。

■スーパーマーケット中国1位
聯華超市（リエンフア・スーパーマーケット）

00980　小売　メインボード　**現在 7.19HKD**（2013/1/16）

年間値上率 **−28.06%**

中国国内屈指の老舗小売チェーン。「世紀聯華」「聯華超市」「快客便利」などのブランドで華東地区を中心に販売網を展開している。国内店舗数は5058店（12年6月末）。この内、コンビニは2021店。09年に同業の聯華超市を買収した大手小売りグループの百聯集団が実質の筆頭株主。三菱商事も7%出資している。

■中国の「ユニ・チャーム」
恒安国際集団（ハンアン・インターナショナル）

01044　ヘルスケア　メインボード　**現在 73.55HKD**（2013/1/16）

年間値上率 **4.62%**

中国のトイレタリー大手。福建省と広東省を中心に事業を展開している。ティッシュペーパー「心相印」、ナプキン「安楽」「安爾楽」、紙おむつ「安児楽」「安而康」など、多くのブランドを有する。トイレタリー製品の生産・販売で業界トップ。08年に大手菓子メーカー親親食品に出資し、食品事業にも参入した。P&G（プロクター・アンド・ギャンブル社）とも競争する。

■世界最大のパソコンメーカー
聯想集団（レノボ・グループ）

00992　IT　メインボード　**現在 7.74HKD**（2013/1/16）

年間値上率 **30.46%**

05年にIBMのパソコン部門を買収し、世界大手のPCメーカーとなった。法人向けは「Think」、個人ユーザー向けへ「Idea」のブランドで展開。PCの世界シェア15.7%で世界1位（12年7-9月期）。09年、携帯電話機の製造に再参入し、スマートフォンやタブレットを製造。11年、日本のNECとも合弁会社を設立した。

■中国第2位の自動車メーカー
東風汽車集団（ドンフォン・モーター・グループ）

00489　自動車　メインボード　**現在 12.56HKD**（2013/1/16）

年間値上率 **−9.54%**

中国の自動車ビッグ4の一角。傘下に03年に日産自動車との折半出資で設立した東風汽車を持つ。同じく03年、ホンダと設立した東風本田汽車、さらには仏プジョー・シトロエンとの合弁による神龍（しんりゅう）汽車も擁している。国内販売台数のシェアは乗用車、商用車ともに12%（12年6月末）である。

■中国自動車ビッグ4のひとつ
広州汽車集団（グランジョウ・オートモービル）

02238　自動車　メインボード　**現在 7.25HKD**（2013/1/16）

年間値上率 **−4.10%**

広東省の広州地盤の大手自動車メーカー。トヨタ、ホンダとの合弁会社を通じて乗用車を製造。トラックは日野自動車との合弁で製造している。代表車種は「カムリ」「アコード」「オデッセイ」など。11年末時点の生産能力は乗用車125万台、商用車6万4000台。国内販売シェア4%（12年6月期）である。

■中国の雪印乳業
中国蒙牛乳業（チャイナ・モンニュウ・デイリー）

02319　食品　メインボード　**現在 23.60HKD**（2013/1/16）

年間値上率 **21.03%**

内モンゴルを拠点とする大手乳製品メーカー。世界乳製品メーカー番付で3年連続して20位以内に入っている。国内では伊利（イーリー）実業と首位争いを行っている。主な事業は、ミルク、アイスクリーム、及びその他乳製品の製造。マレーシア、ベトナム、インドなどの海外市場の開拓も進めている。

■中国のJAL
中国国際航空（エアチャイナ）

00753　運輸　メインボード　**現在 7.07HKD**（2013/1/16）

年間値上率 **11.87%**

中国の最大の航空会社。中国東方航空、中国南方航空とあわせて、3大航空会社の一角。主な事業は、航空運輸（旅客・貨物）、航空関連サービス。就航都市は世界30カ国・地域であり143都市に上る。保有機体数は441機。傘下に山東航空、マカオ航空などを抱える。06年、キャセイ・パシフィックと資本・業務提携した。

■中国のトップ家電メーカー
海爾電器(ハイアールエレク)

01169　製造(軽工業)　メインボード　現在 **11.66HKD** (2013/1/16)

年間値上率 **46.127%**

冷蔵庫、洗濯機の世界シェア1位を誇る。中国最大の家電メーカー。11年、三洋電機を買収。日本でも展開する「ハイアール」「アクア」両ブランドと合わせて、日本市場でシェア5位となった(12年)。CEOの張瑞敏(ちょうずいびん)は迅速な決断と行動力で「中国経営大師」と称されている。

■金の生産量世界1
中国黄金国際(チャイナ・ゴールド・インター)

02099　自動車　メインボード　現在 **28.60HKD** (2013/1/16)

年間値上率 **26.55%**

1600トンの金を保有する国有企業。主な事業は中国国内での金の生産、金製品の生産である。国内に保有する金山は65ケ所、年間80トンを生産(12年)。中国国内の金生産の20%を中国黄金が担っている。海外でも積極的に金鉱を獲得し、探査、開発、採鉱を行っている。

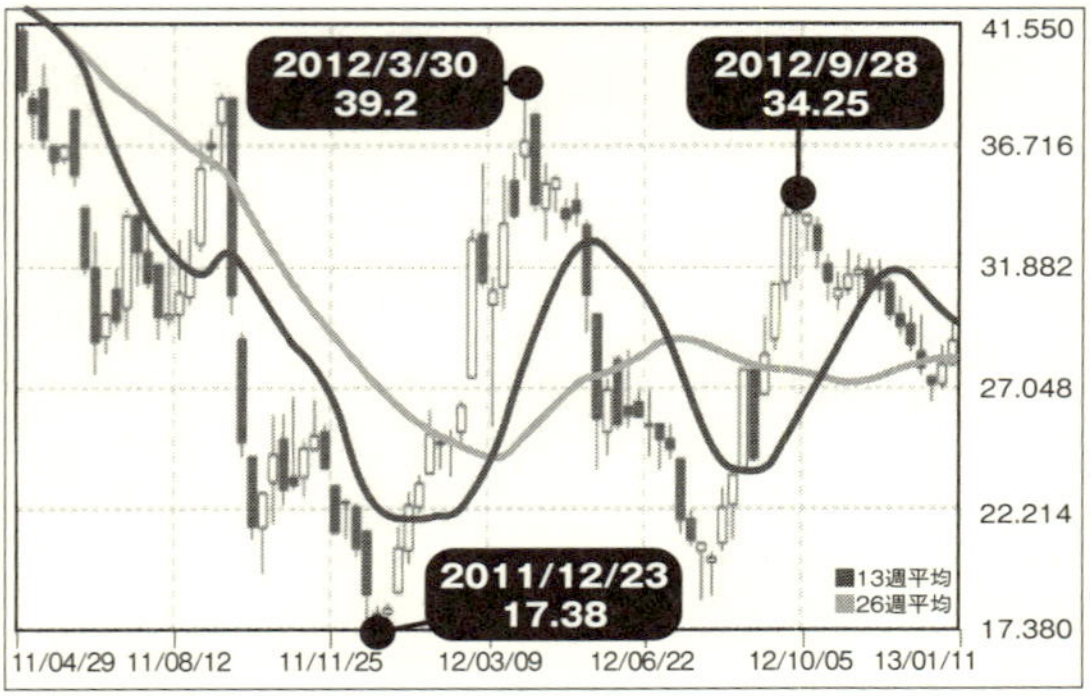

ブルームバーグ、ロイター、サーチナ等の資料をもとに作成した

ホームページ「副島隆彦の学問道場」 http://soejima.to
ここで私は前途のある、優秀だが貧しい若者たちを育てています。
会員になってご支援ください。

著者略歴

●副島隆彦（そえじま・たかひこ）

1953年福岡市生まれ。早稲田大学法学部卒業。外資系銀行員、予備校講師、常葉学園大学教授などを歴任。政治思想、法制度論、経済分析、社会時評などの分野で、評論家として活動。副島国家戦略研究所（SNSI）を主宰し、日本初の民間人国家戦略家として研究、執筆、講演活動を精力的に行っている。主な著書に『属国・日本論』『世界覇権国アメリカを動かす政治家と知識人たち』『預金封鎖』『中国は世界恐慌を乗り越える』『ぶり返す世界恐慌と軍事衝突』他多数。

ホームページ「副島隆彦の学問道場」URL　http://www.snsi.jp

【e-mail】GZE03120@nifty.ne.jp

それでも中国は巨大な成長を続ける

2013年3月 4 日　第1刷発行
2013年3月10日　第2刷発行

著　者　副島隆彦

発行者　唐津　隆

発行・発売　株式会社ビジネス社

〒162-0805　東京都新宿区矢来町114番地 神楽坂高橋ビル5階
電話　03(5227)1602　FAX　03(5227)1603
http://www.business-sha.co.jp

印刷・製本／大日本印刷株式会社

〈カバーデザイン〉大谷昌稔（パワーハウス）〈本文組版〉エムアンドケイ

〈編集担当〉岩谷健一　〈営業担当〉山口健志

ISBN978-4-8284-1699-1